职业道德修养

寇北辰◎著

民为邦本，本固邦宁

公生明，廉生成

凝聚"精气神"，提升"真善美"

经济管理出版社

ECONOMY & MANAGEMENT PUBLISHING HOUSE

图书在版编目（CIP）数据

职业道德修养/寇北辰著．—北京：经济管理出版社，2015.6
（2020.8 重印）
ISBN 978 - 7 - 5096 - 3780 - 7

Ⅰ.①职… Ⅱ.①寇… Ⅲ.①职业道德—研究 Ⅳ.①B822.9

中国版本图书馆 CIP 数据核字（2015）第 100864 号

组稿编辑：张　艳
责任编辑：张　艳　赵喜勤
责任印制：黄章平
责任校对：王　淼

出版发行：经济管理出版社
　　　　　（北京市海淀区北蜂窝 8 号中雅大厦 A 座 11 层　100038）
网　　址：www. E - mp. com. cn
电　　话：(010) 51915602
印　　刷：北京晨旭印刷厂
经　　销：新华书店
开　　本：720mm×1000mm/16
印　　张：14.5
字　　数：207 千字
版　　次：2015 年 6 月第 1 版　2020 年 8 月第 4 次印刷
书　　号：ISBN 978 - 7 - 5096 - 3780 - 7
定　　价：39.80 元

前言：道德比能力更重要

2014年"五四"青年节，习近平同志在北京大学举办的"青年要自觉践行社会主义核心价值观"座谈会上讲道："人类社会发展的历史表明，对一个民族、一个国家来说，最持久、最深层的力量是全社会共同认可的核心价值观。核心价值观，承载着一个民族、一个国家的精神追求，体现着一个社会评判是非曲直的价值标准。古人说：'大学之道，在明明德，在亲民，在止于至善。'核心价值观，其实就是一种德，既是个人的德，也是一种大德，就是国家的德、社会的德。国无德不兴，人无德不立。如果一个民族、一个国家没有共同的核心价值观，莫衷一是，行无依归，那这个民族、这个国家就无法前进。这样的情形，在我国历史上，在当今世界上，都屡见不鲜。"

2014年10月，在中共中央政治局的一场关于"我国历史上的国家治理"的学习会上，习近平同志再次提出这样的观点，我国古代主张民唯邦本、政得其民，礼法合治、德主刑辅，为政之要莫先于得人、治国先治吏，为政以德、正己修身，居安思危、改易更化。他认为这些对现代人仍有很多启示，尤其是对为官治国者。

道德犹如一面镜子，映射社会的真假善恶、瑕瑜美丑，给人以鞭策和启迪。

随着社会主义市场经济的深入发展，人们的价值取向日益多元化，一些人受各种利益和机会的诱惑，出现了道德缺失、异化，严重影响组织以及个人的发展。因此，需要健康向上的道德风尚来引领，迫切需要道德的力量来推动经济发展。树立道德楷模，倡导良好社会风气，培育文明道德风尚，既是社会主义精神文明建设的重要任务，也是时代所趋、群众所盼、事业所需。

只有公民道德建设进一步摆上重要日程时，人们的道德修养才能得以提升，进而弱化人与人之间的矛盾，达到构建和谐社会的目的。因此，国家大力提倡强化道德修养。如教育事业在大力抓素质教育，提倡学生"德、智、体、美、劳"的全方面发展，"德"是放在第一位的。工作中，能力固然很重要，但是有一样东西比能力更重要，那就是道德。

道德比能力更胜一筹。清朝康熙皇帝在招揽贤才时也认为，"国家用人，当以德为本，才艺为末"。如今，用人单位选人标准也以"德才兼备，以德为先"为前提。

能力是一把"双刃剑"：如果掌握在具有良好道德的人手中，它将会给组织以及社会创造出无数的价值；相反，如果掌握在道德低下的人手中，它将有可能成为使组织走向衰败的"导火索"。

良好的道德比能力更有价值。尽管所有人的潜力都是无限的，但是崇高的道德，则与工作业绩甚至生命质量息息相关。综观古今中外，凡是有所成就的人，往往能力相差无异，决定卓越与平庸的重要因素则是道德修养的高低。崇高的道德是个人成功最重要的资本，是增强组织竞争力的法宝。

职业道德是职业发展的基础，是国家治理、组织管理、个人发展的基础。尤其在腐败层出不穷，商德、医德、师德缺失，部分管理人员以及工作人员唯钱是命的今天，不惜损害国家利益、人民利益、组织利益、他人利益的情况也时有发生。

因此，加强职业道德教育与修养提升，是关系到一个民族存亡的大事，是关系到组织发展、个人发展的大事。这就要求我们做到：做官要向老一辈无产阶级革命家学习，向社会主义建设中奉献于国家和人民的王进喜、任长霞、焦裕禄等人学习，学习他们崇高的职业道德情操；做企业则首先要做一个对国家负责、对民族负责、对社会负责、对企业负责、对他人负责的具有高尚道德的人。

实际上，只有将"三纲领五常道"植入职场之中，才能扫平发展中的障碍，才能实现我们的民族复兴、民族强盛之梦！

中华民族素以"文明古国"、"礼仪之邦"著称于世，从古至今我们历来重视道德修养。自孔子以"礼"释"仁"始，就将我们整个民族外在的礼仪内化为道德，传承至今。

每个人都应明确自己在组织和社会中的角色定位，以角色定位为基准，为维护组织利益、社会和谐而努力，以史为鉴，以道德信仰为依托，不断提高自身道德修养。

目　录

上篇　职业修养之道："三纲领五常道"

下篇 职业修养之术："四雅六达德"

开篇导读：组织问题诊断

诊断结果一：职业道德缺失，公私不分

职业道德是指人们在职业生活中应遵循的基本道德，即一般社会道德在职业生活中的具体体现。它通过公约、守则等对职业生活中的某些方面加以规范，并以爱岗敬业、诚实守信、办事公道、服务群体、奉献组织为主要内容。

职业道德是随着社会分工的出现而形成和发展起来的。恩格斯认为，"每一个阶级，甚至每一个行业，都各有各的道德"。

然而，当今社会，职业道德缺失已经是比较普遍的现象。

孔子曾说："君子之德风，小人之德草。草上之风必偃。"这句话说明工作人员职业道德的好坏对整个社会道德风尚起到的示范效应和推动作用。

一、为什么每个人要高度重视职业道德问题

1. 职业道德是维系组织和谐的必要手段

如果有些人违背道德、违背法律以及组织制度而随意妄为，尽管这些人会受到法律的制裁，但是法制只为结果负责，不会为过程负责。很多组织工

作中出现的问题，需要通过提高所有人员的道德素质才能解决，只有在工作中大力倡导道德，引导人心思善，崇尚道德，让道德观念及道德行为为全世界人民共同遵从，才能有效遏制伤害他国、伤害他人的利益及生命的行为，为世界和平铺平道路。

中华民族五千年来一直是个重视道德建设的民族。综观中国历史，可谓道德建设发展与文明发展同步的历史，每一时期的道德建设内容都直接或间接决定了国民思想的导向和国家的命运。夏朝尚忠，商朝敬祖，周朝重礼，直至先秦时期的文化大繁荣中，百家争鸣也无一不是围绕国人的道德建设而形成自家学说。汉朝至今，华夏文明延续数千年，无论是政治的繁荣还是社会的稳定，都离不开文化，离不开儒、道、释三家统领的中华尚德文化的继承与发扬。

加强道德修养，是否更为当今工作所需？

现在，国家更加注重个人道德修养问题，力求减少组织内部之间的矛盾，达到组织内部和谐。因此，加强道德修养，是当今组织保持和谐、发展的重要手段。

2. 缺乏职业道德，对工作影响极大

随着科学技术的进步与发展，人类的物质生活得到了一定满足及提高，但职场人士的精神生活还处于一个忧患时代，很多组织及群体缺少道德观念，价值观扭曲，信仰模糊。人们在行使公共权力和从事公务活动的过程中，如果失去了以公正、正义、服务大众等为基础的道德价值和规范，滥用权力，以权谋私，其职业道德的失范将会严重损害国家、社会和公众的正当权益，从而导致不少社会群体因此失去理智，职业道德缺失的行为严重毒化了社会道德风尚，也伤害到许多无辜群体。近年来官员贪污腐败、医者不能治病救人、师者不能传道授业等问题越来越多地充斥着人们的视野。这给社会的和谐以及组织的发展留下了严重的隐患。这是关系国家、组织以及个人发展的重大问题，这是构建和谐社会亟待解决的重大问题。

3. 职业道德与人自身的发展有密切关系

职业是人谋生的手段，没有职业道德的人一般做不好工作，难以在社会中生存。违背职业道德，情节严重者，有的不仅要受到法律的制裁，更多的是道德的谴责和个人前途的丧失。

造成人们职业道德缺失的原因是什么？

首先，很多人对于道德的界定标准和内容的理解含糊不清。我国工作人员道德建设长期出现的问题是，对于什么是道德缺少严格的界定，很多人对职业道德内容的理解含糊不清。

其次，由于很多人处于"亚健康"状态。小到心灰意冷、疲乏无力，信念、理想、目标不明确，不懂得用功学习和提升，工作上没有恒心和毅力，吃不得苦，挨不得批评，"过客"思想严重，朝三暮四，心猿意马，专业上始终不能主动思考，积极行动，事业上始终找不到突破口，做不出成绩。大到抑郁成疾、精神障碍，最终轻则伤己，重则伤人，甚至危害到社会，触犯到国家的法律法规。

因为职业道德低下，在组织不能遵章守纪，不能与同事团结友爱合作。如果个人问题不能解决好，就会逐渐演变成家庭的问题、组织的问题、社会的问题、国家的问题，致使个人、组织、国家失去竞争力和发展力。因此，职业道德建设已经到了非抓不可的地步。

中华民族历来是一个文明的民族，为人处世以"德"为标准。为组织以及个人谋求发展更离不开职业道德。

二、如何提高职业道德

1. 树立道德观念，强化职业道德界定标准

如何在组织中体现职业道德内容？同样以一切言行是否有利于组织利益为标准，言行利于组织发展的人就是具有良好公民道德者，言行不利于组织发展的人就是道德缺失者。比如，在一个组织中，只要能判别清楚成员是否诚信、忠诚、服从、守规、担责，就能分清成员的邪与恶，善与美。在个人层面，凡是言行有利于他人利益的人为有德者，凡是损坏他人利益的人为缺德者。

2. 办事公平正义

无论从事何种职业，不仅应该遵章守法、依法工作，更要秉公办事、公平正义。认真执行组织管理制定的各种制度，严格约束自己，克己奉公、不谋私利、公私分明，更不能出于私心，从个人利益角度考虑问题、处理事情，一切以组织利益为先，培养高尚的品质。每个人需从身边小事做起，并时刻谨记。唯有如此，才能逐渐提升职业道德修养。

总而言之，每个人要坚守职业良知，自觉用职业道德约束自己的行为，用切实行动树立和弘扬组织人员的优良作风。

诊断结果二：职业思想落后，各自为营

我国组织在发展过程中存在一个很大的缺陷，即组织管理中缺乏团队凝聚力，组织的活力不够，人们的积极性不高，甚至，人们失去了应有的道德思想，许多行业不正之风、腐败现象日趋蔓延。

缺乏职业思想、道德品质低下是其主要原因。

一、缺乏职业思想的表现

1. 缺乏正确的价值观

在职业道德领域表现为拜金主义盛行、追逐名利、贪图享受、极端个人主义抬头、见利忘义、不讲义气、唯利是图、损公肥私等行业不正之风普遍存在。

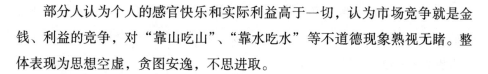

部分人认为个人的感官快乐和实际利益高于一切，认为市场竞争就是金钱、利益的竞争，对"靠山吃山"、"靠水吃水"等不道德现象熟视无睹。整体表现为思想空虚，贪图安逸，不思进取。

2. 缺乏道德评判标准

评判是非的标准十分模糊，片面崇拜和模仿那些钻政策空子而牟取暴利的人，对工作上的不良行为没有正确的判断，缺乏独立思考以及正确的道德评判标准。

而职业道德评判上是非不分，会导致思想意识不纯、工作目的不正、行为态度不端。只要有利益驱动，部分人便会实践人们所批评的不道德行为。久而久之，造成处事不公、损公肥私、中饱私囊，将职业道德置于脑后。

3. 主人翁意识淡化

主人翁意识淡化，造成一部分人淡化集体观念，将集体利益抛在脑后，从而降低了职业道德修养。缺乏主人翁意识，只顾个人利益，则驱使一些人在利益的诱惑下，打着为组织发展的幌子，谋取自己的福利，造成不正之风盛行，假冒伪劣产品泛滥，贪污受贿、腐化堕落、玩忽职守、玩弄权术、学术不端、抄袭剽窃大行其道。贪欲驱使，一些人做出违背道德规范、组织利益的事，职业道德荡然无存。

一个人思想品质的高低和道德修养的好坏直接影响组织形象乃至整个经济效益。因此，加强职业思想道德建设是摆在整个组织包括个人在内的一个迫切需要解决的问题。

这就要求人们形成正确的职业思想。

首先，正确的职业思想，从物质方面来讲，能够为组织创造出更多的财富，满足自我生存的需要，给予他人物质帮助，而且不损公肥私；从品质方面来讲，能够尊老爱幼，团结他人，尊重他人，注重他人利益与组织利益，能够明辨是非，坚决不做对组织不利的事。

其次，有了正确的职业思想，才能配合好他人，遵纪守法，服从管理。

当下，人与人、组织与组织之间的交流日益密切，互相配合、和睦相处是最佳的选择，只有大家都树立正确的价值观，都能理解和配合他人，组织才能获得更大的利益。

再次，有了正确的职业思想，才能管理好组织，使组织高效运行。每个人都是集体的一分子，个人职业思想必须有利于组织，贪图个人利益的错误观念将会损害组织的利益，不利于组织提高效益。

最后，有了正确的职业思想，才能肩负起组织责任，才能为组织做贡献。每个人的发展都离不开组织，每个人都需要负起组织发展的责任。一个人只有具有正确的职业思想，才能够不计较得失、无私奉献，为组织乃至社会做更多的贡献。

二、如何提高职业思想

1. 教育、规范人的思想和行为

加强职业思想道德建设，应以理想信念教育为基准，提高工作人员的思想素质，培养有理想、有道德的优秀员工，用强大的精神力量，推进组织发展。每一位工作人员还需树立马克思主义世界观、人生观、价值观，牢固树立正确的权力观、地位观、利益观，牵住各自为营的思想政治防线，增强拒腐防变能力。

2. 陶冶情操，养成良好的职业行为

多参加有益的、生动活泼的、丰富多彩的思想道德教育和文化活动，有助于提高自身道德修养和职业思想，将社会主义道德思想融汇到自己的工作中去，养成良好的职业道德习惯。从而建立起公正、团结、奉献、友爱、和谐的组织人际关系。让组织发展更上一层楼。

良好职业行为的养成，离不开严格的管理制约和激励机制，每人可以给自己定制一套激励制约机制，时刻督促自己遵守职业道德，为了避免激励机制难以长期发挥作用，每个人可以在加强自身职业思想教育的同时将其与工

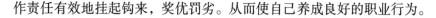

作责任有效地挂起钩来，奖优罚劣。从而使自己养成良好的职业行为。

3. 加强个人管理，重在"义"字

"义"字来源已久，也是"五常道"之一。"义"是一种人格魅力，有利于对个人形成一种约束力。如果人人都讲义气，那么，人与人之间就会和睦相处，就会减少很多矛盾。因为大多数人都做不到这个"义"字，所以只能成为普普通通的人，没有人格魅力，更不用说提高发展能力。

对组织讲义气，要求每一个人做到诚实守信，一切从事实出发，做有利于组织发展的事。

对组织讲义气要求人们在工作上，消除"安于现状、得过且过、拈轻怕重"的态度，须做到肯吃苦出力，不满足于已取得的成绩，时刻保持积极进取的活力和动力，投身到组织工作中去。

总而言之，职业思想落后的人达不到发展自我以及发展组织的目的，也无法在组织中与他人合作，无法实现更大的人生价值；无法为企业发展做贡献，无法承担更大的社会责任。提高每个成员的职业思想，组织就会形成强大的凝聚力，从而对组织的发展起到巨大的推动作用。只有正确的职业思想，才能够引导所有人做正确的事，才能有利于组织目标的实现。所以，在工作中要避免各自为营的现象，从根本上提高个人职业思想。

诊断结果三：职业行为滞后，效率低下

高效工作不仅是全面贯彻落实组织科学发展观的必然要求，更是构建社会主义和谐社会的现实需要。在组织管理中，尽管许多工作人员作风正派，工作务实，各项工作开展顺利，但也还存在一些亟待解决的问题，即职业行为滞后，工作效率低下。

一、职业行为滞后的原因

1. 思想观念滞后、工作作风不佳

有些人思想观念滞后，缺乏事业心，更不具备责任心，作风不正派、不公正，致使工作不敬业、不踏实。部分工作人员思想不够解放，缺乏良好的职业态度，做事消极、被动，缺乏创新精神；有的人缺乏职业规划，缺乏谋划和推动个人以及组织发展的能力，不善于作决策、难以发现工作中出现的问题，自然不具备解决问题的能力。导致面对突发事件时，一筹莫展。有的人，观察力不强，工作预见性和前瞻性不够，尤其是面对从未遇到过的问题时，更是慌乱、胆怯，甚至退缩。有些成员在能力素质上不符合组织发展的要求；有的组织意识不强，执行意识淡薄，只顾个人所需，无视组织利益。责任意识、忧患意识不足，工作作风不符合组织发展的要求，会严重影响工作效率，影响组织的快速发展。

2. 懒散

在组织中懒散行为屡见不鲜，主要集中在那些在职已久的工作人员身上。这些"元老"认为自己没有功劳也有苦劳，年纪越大越难以为组织贡献更多的力量。于是消极怠工，进而精神松懈、工作懒散、行动散漫、无精打采、不思进取；而另一种人则认为，自己不做的事情，自会有他人处理，自己没有必要"事事出风头"，与其"出风头"遭人鄙视，不如忙里偷闲，自得其乐。久而久之形成习惯，致使组织懒惰之风盛行。

3. 拖拉

拖拉现象主要出现在自诩"英雄无用武之地"的工作人员身上。他们工作消极、散漫，毫无激情。原本今天可以办完的事情，非要拖到明天或后天，尽管这些人看起来每天忙碌不堪，实则工作效率低、效果差。

而另一部分办事拖拉的人，则是自以为是，利用手中职权大显威风。当他人有求于自己时，便盛气凌人，摆出一副"官老爷"的样子。对于极易办

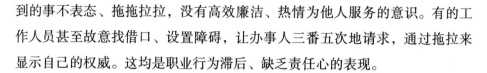

到的事不表态、拖拖拉拉，没有高效廉洁、热情为他人服务的意识。有的工作人员甚至故意找借口、设置障碍，让办事人三番五次地请求，通过拖拉来显示自己的权威。这均是职业行为滞后、缺乏责任心的表现。

4. 浮躁

浮躁，指急躁，不沉稳。浮躁，是当前国企人员普遍存在的心态，这种心态是造成职业行为滞后的因素之一。浮躁主要表现在以下几个方面：

（1）急功近利。有的人在工作中只顾眼前利益，不顾长远利益；只讲局部利益，不讲全局利益；崇尚形式主义，缺乏务实、吃苦耐劳的精神。

（2）本末倒置。有的人在工作中，对很多应该重视、加强的工作置之不理，只片面地做一些与组织发展无关的事。

（3）目光短浅。作为国企人员，要为组织利益贡献力量，离不开长远的眼光。可有的工作人员无论何时只注重眼前利益、个人利益，将个人发展放在首位。殊不知，将眼光放得长远，一切从组织利益出发，才是具有良好职业素养的员工。目光短浅，只会使自己故步自封。

（4）走马观花。对于组织发展不闻不问，不愿意多思考、多调查，总是浮光掠影、蜻蜓点水、走马观花，对工作没有尽心尽力。

5. 空谈

有的人讲起道理来头头是道，精辟入耳，鼓动性很强，但是缺乏高效的执行力，无法将自己的工作落实到位。这种只说不做的行为，犹如纸上谈兵，空谈理论，不能解决实际问题。没有操作能力的"吹牛"者，自然无法为组织创造更多的价值。

二、产生以上表现的原因

1. 政治学习流于形式，不愿深入研究

对于政治学习，一些工作人员认为这是务虚，不愿意深入研究，因此，根本不放在心上。一方面，工作中缺乏科学发展观，从而使工作人员缺乏

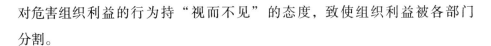

对危害组织利益的行为持"视而不见"的态度，致使组织利益被各部门分割。

4. 应对风险能力不足

有一些工作人员由于对可能出现的风险缺乏足够的防范意识，没有完整的应对风险的方法。因此，在遇到危机时，采用错误的手段，反而使危机愈演愈烈。

二、工作能力不足的原因

1. 学习意识不强

组织工作向来强调勤奋学习的重要性，一个人只有具备足够的职业技能才能够胜任本职工作，应对突发事件，为组织发展创造更多的价值，这些都离不开源源不断的学习。俗话说得好："逆水行舟，不进则退。"学习同样如此，不学习，就会落伍，就会掉队，无法跟上时代发展的趋势。

因此，所有组织都会认同，优秀人才必备的条件之一，就是拥有不断学习的能力。

2. 实践锻炼不够

尽管很多工作人员都接受过高等教育，但还存在不足之处：如对本职工作相关政策的学习还不够系统和深入，缺乏真正的操作能力，还需进一步增强工作魄力。由于缺乏实践锻炼，就无法加强工作能力，无法深入了解组织发展潜在的问题，无法为组织发展提供更多的建设性意见，当然无法将工作做得出色。

3. 开拓创新意识不够

创新是一个组织的灵魂，所有人员只有勇于创新，与时俱进，才能摆脱因能力不足而导致的因循守旧，以适应时代和科学发展的需要。而缺乏创新精神，持有得过且过的工作态度，不仅会阻碍事业的发展，而且会阻碍自身能力的提高。

4. 责任心不够

责任心是一个人能够立足社会，获得事业成功和生活幸福的至关重要的人格品质。缺乏责任心，则导致盲目跟风和执行能力不佳，无法对组织工作保持热情，更难以为组织发展尽心尽力。

可见，工作人员职业技能缺乏，能力不足，严重制约着组织发展。

三、如何应对职业技能缺乏，能力不足

1. 提高学习能力

不断学习与本职工作相关的东西，同时增加阅读量，不断获得与社会变革、发展相适应的新知识、新观念、新方法，形成持久的发展动力。要多读书、读好书、读各方面的书，同时锻炼和加强自己的口头表达能力。如今社会环境不停变化，现有知识很快就不足以应付明日的工作挑战。所以，不断重新学习绝对是必要的。在提升个人能力的基础上，要敢于突破思维定式和传统经验的束缚，不断寻求新的思路和方法，养成勤于学习、善于思考的良好习惯，进而养成勤于思考的习惯，形成善于思考的能力。

2. 提高办事能力

提高办事能力，首先，离不开严谨的生活作风，严谨才能减少办错事等状况；其次，时刻保持坚韧不拔的态度，持之以恒，将工作做到位；最后，提高明辨是非的能力，工作人员要提升办事能力，则必须时时关注与组织性命攸关的外部环境，必须了解组织内部的运行状况，要分清工作上的是非、人的是非、矛盾的是非，要能从混杂的事物中分辨出是非、对错、好坏，时刻保持清醒的头脑。只有这样才能明辨是非，才能避免错误的判断。

这就要求工作人员提高责任心以及执行力。责任心的强弱，决定了执行力度的大小。增强事业心和工作责任感，把事业和工作看得比生命还重要，这样才能把工作做好、做实。坚决克服办事拖拉、无视组织利益的行为。努

力将工作标准调整到最高，精神状态调整到最佳，自我要求调整到最严，全力以赴履行自己的职责；远离消极、散漫、推卸责任的恶习，养成精益求精、无私奉献、今日事今日毕的良好习惯。

3. 提高创新思维能力

确立创造性思维，提高创造性工作的能力，要从实际出发，一切以组织发展为中心；要敢于打破常规，突破旧的思维定式，敢于实践，不拘泥于传统的陈规陋习，寻找切实可行的方式、方法。能从一种思想变换到另一种思想或是以不同的新方法去解决同一个问题，而且要善于把组织的方针政策同本职工作的实际结合起来，努力提高创造性工作的能力。员工只有从内心产生为组织利益无私奉献的强烈动机，才会在实践工作中寻找并利用各种机会不断学习理论知识，不断开拓创新能力，这对于我们提高技术创新效率、创新水平以及创新成果的产业化极为有益。

4. 提升总结概括的能力

汇报工作、调查研究、检查工作等各项组织工作都要求工作人员具备总结概括的能力，这种能力直接反映了工作人员的业务工作能力和水平。常做总结有利于工作进步，提高日后的工作效率。

这就要求每个人做到：多写，提高自己的写作水平以及逻辑思维能力，在实践中练就真本事；多读，开拓自己的眼界，多为提升总结能力找方法；坚持，无论做任何事都离不开持之以恒的精神，总结工作亦如此。

总之，大家要提高工作能力，夯实工作基础。世上无难事，只怕有心人，用心做到这些，相信每个人都可以变得更加优秀。

上 篇

职业修养之道："三纲领五常道"

第一部分

"三纲领"是职业的定位

纲领一：严格遵守一切有利于国家的标准

第一节　一切有利于国家富强

近年来，"梦想"作为热议词汇频频出现在人们的视野中。何谓梦想，因人而异。但是中国人有一个共同的梦想，即希望我们的国家更加富强，民族再创辉煌，每一个人都能获得幸福。

为实现国家利益贡献自己的力量，这就要求每一个人将自己的命运与祖国命运相结合。因为每个人的前途命运都与国家命运休戚相关，我们要与国家荣辱与共。

假如一个人无法理解中华民族自鸦片战争以来经历的苦难有多么深重，就不会理解新中国的成立对于中华民族具有何等重要的意义，也不会了解为什么有那么多仁人志士为祖国命运而献出自己的生命。这一系列伟大的壮举，只是向世人诠释一个道理：天下兴亡，匹夫有责，国家命运与个人命运密不可分。

想要实现国家富强，则离不开"铁人"精神。

提及"铁人"，我们一定不会陌生。它是20世纪50年代人们送给石油工人代表王进喜的荣誉称号，他是中国共产党的优秀楷模，是吃苦耐劳的实干家。尽管"铁人"称号没有明星、"十佳"那么光芒四射，却比那些称号更加生动、实在，更有内涵。

王进喜是中国所有石油工人的骄傲，是所有工人乃至整个社会学习的典范。铁人王进喜带领大庆油田的石油工人为国家富强而艰苦奋斗的事迹给我们留下了宝贵的精神财富。

由一名普通的石油工人到成长为领导干部，王进喜在学习技术知识的同时始终坚持学以致用。他认为："干，才是马列主义。不干，半点马列主义也没有！"因此，他凭着甘当"老黄牛"的精神，为国家富强无私奉献，贡献自己的全部力量。正是具备这种为国家富强而尽职尽责的崇高精神，石油工人们才能在20世纪60年代，生产条件艰苦的情况下，经过3年半的时间，保质保量地完成了大庆油田的生产任务，从根本上解决了我国贫油的尴尬情况，取得了"石油会战"的伟大胜利，成功开辟了国家逐渐走向富强的道路。

一个国家或一个民族的人民，唯有像王进喜这般吃苦耐劳、坚持不懈、勇往直前，时刻将国家富强作为生命的动力，才能够有力支持国家经济建设。

因此，我们要深入学习王进喜的"铁人"精神，为国家富强而努力。

那么，我们应该如何为国家富强贡献自身力量呢？

1. 做好组织管理工作

"一切有利于国家富强"要求我们对组织价值观念、发展战略、管理体制、经营模式、运营制度等各个方面进行全面、系统的变革，从根本上保证组织在市场经济条件下的生存和可持续发展。因此，我们需从管理好组织做起，为国家富强做贡献。

做好组织管理工作，绕不开对组织外部关系与内部关系的管理。就企业而言，外部关系，即股东，而内部关系，则为所有员工。只有通过对两大关系的正确处理和科学管理，协调内外关系，才能实现人心统一，稳定发展，最终维护国家以及组织的利益。

这需要从三方面来理解：首先，加强组织管理是针对特定目的而进行的，脱离了具体目的，组织管理就没有任何意义；其次，加强组织管理的根本任务是处理关系，脱离了关系谈管理，一切都是空谈；最后，加强组织管理的关键是处理好内外两大关系，脱离了内外关系，组织管理就失去了方向和主线。做好组织管理工作必须处理好外部关系与内部关系，这两大关系管理好了，就利于组织健康发展，否则，就不利于组织健康发展，国家也难以富强。国家无法富强起来，怎么会有个人发展及幸福可言呢？

2. 增强信仰的力量

强大的信仰力量是国家核心竞争力的基础，也是国家的灵魂。那么信仰对于国家富强、组织发展有什么作用？

信仰具有凝聚力量的作用。众所周知，如果向同一个方向的合力越大，产生的推动作用就越大。假如组织内的人都拥有同样的信仰，并都能始终坚持，那么在信仰的作用下，就会凝聚组织里每个人的力量，朝着同一个方向努力，这样组织就会形成强大的凝聚力，对组织的发展起到巨大的推动作用，故而增加推动国家富强的强大力量，促进国家发展。同时，信仰还可以产生强烈的约束作用，防止我们做出对国家利益有害的事情。

每个人都要增强工作信仰，"富强、民主、文明、和谐、自由、平等、公正、法治、爱国、敬业、诚信、友善"概括了当今的工作信仰，国家富强离不开强大信仰的推动力量。

3. 明确个人的价值定位

"少年智则国智，少年富则国富，少年强则国强，少年独立则国独立，少年自由则国自由，少年进步则国进步，少年胜于欧洲，则国胜于欧洲，少年雄于地球，则国雄于地球。"近代思想家梁启超在《少年中国说》中这样说道。可见祖国命运与人民大众息息相关。所以，在时代大潮中，我们要明确个人的价值定位。

我们每一个人都要成为热血澎湃的爱国有志之士。爱国主义是对祖国最朴素、最真挚、最坚定的情感，其力量强大无比。每一个人需要坚定为中国特色社会主义事业奋斗的决心，志存高远，心系天下，将热情化为行动，将实现国家富强化为责任。

在中国的历史长河中，无论是对于组织还是个人，责任始终是支撑国家富强的脊梁；在中国未来的视野里，无论是对于国家组织还是个人，责任始终是推动国家富强的引擎。现代组织的社会责任越来越受到社会的普遍重视，组织乃至个人更应该以"国家富强"为己任。所以我们将个人的价值观锁定在国家富强上，不断激发工作热情、创新能力，积极为保障国家利益做贡献。

每个人要时刻摆正自己的工作态度，明白自己工作的意义，即把自己与一个伟大的事业联系在一起，释放生命的激情。只有做好本职工作，才有机会施展自己的能力，为国家做出更多的贡献，同时也能实现更多的个人愿望。

因此，从现在开始，每个人都要珍惜工作的机会，爱我工作、强我组织与国家，恪尽职守为国家创造更多的价值；加强自身道德修养，力求无私、公正，做有利于国家富强的事，一切以国家富强为重；不断学习，提升自身综合素质，确保个人能力同我国社会主义伟大事业和祖国的繁荣富强紧密联系在一起，为建设祖国努力工作，奋斗不息。

诚然，将个人命运与国家富强相融，这股坚定的力量会时刻指引着我们在工作中努力克服困难，坚决抵住诱惑，树立爱国之心、强国之愿、报国之志，强化对自身使命的认识，树立实干兴邦志向，为实现国家富强而不懈奋斗。

第二节　一切有利于民族振兴

中国在改革开放历程中，取得了一系列长足的发展，尤其是在企业深化改革和国际化竞争力的打造方面，一批卓越的企业通过自己艰苦奋斗取得了骄人的成绩，成为中国经济发展的"助推器"，为提高国民生活水平做出了相当大的贡献。诚然，这些都离不开每个人的辛勤努力，每个人通过自己的实际行动，为国人的使命做了一个精彩的注解。

正因人人肩负国家使命——为民族振兴而战，才能实现中华民族的伟大复兴。我们每一个人都应该吹响民族振兴的号角，为实现民族振兴而拼搏。

为了建设新中国，为了民族振兴，无数仁人志士奋斗不息。提及此事我们自然会想起一位优秀的共产党员——焦裕禄。也许有的人已经把他淡忘了，但伟人的事迹却永远留存于人们心中，他的精神永垂不朽。

焦裕禄出生于山东省博山县崮山镇北崮山村，于1946年加入中国共产党，1962年被调到河南省兰考县担任县委书记。

焦裕禄怀揣着改变灾区面貌、实现民族振兴的雄心壮志，对遭受严重的内涝、风沙、盐碱三害的兰考县展开了治理。尽管困难重重，但他毅然拖着患有慢性肝病的身体，在一年多的时间里，对120多个大队进行调查研究。

在对兰考县的治理过程中，焦裕禄身先士卒，以身作则。不论遇到任何困难，他始终走在最前线。用自己一点一滴的切实行动，带领全县人民为兰考县度过三害、创造财富而努力奋斗。工作期间，焦裕禄时刻心系兰考县的安危，却不顾及自己的身体。在改造兰考、锁住风沙、治服洪水的过程中，焦裕禄身患肝癌，却一声不吭，毅然同自然灾害进行顽强斗争，为民族振兴贡献出自己的全部力量。

最终，在1964年5月14日，焦裕禄被肝癌夺去了生命，年仅42岁。他临终前对组织上唯一的要求，就是"把我运回兰考，埋在沙堆上。活着我没有治好沙丘，死了也要看着你们把沙丘治好"。

焦裕禄虽然去世了，但他为人民服务、诚心诚意为民族振兴的精神却感动了所有中华儿女，他崇高的职业精神将永存于每个人心中。

在此，我们应学习焦裕禄同志对组织无限忠诚、对民族和人民无限热爱的精神。继承与发扬优秀楷模的职业精神，做到心不离组织，永葆劳动人民的本色。这就要求我们每个人在工作中，做到以下三点：

1. 加强自我管理

无论任何国家、组织以及任何人都无法永远保持一个健康的机体，即使发达国家、成功人士也不例外，他们的管理一定存在不完善的地方。

为什么组织管理水平不断提高的今天，还需加强个人管理呢？其原因在于管理问题是一个哲学问题，马克思讲过："矛盾的存在是事物发展的始终。"这是事物发展的基本规律，对于个人管理而言，道理也是一样的。

相信大家深有体会，在自我管理中，解决了旧问题，新问题又接踵而至，加强自我管理需要不断克服困难，持续改进。世界上没有绝对最好的管理，每个人都有自身的特殊性，自我管理有一个共性就是：自我管理需要一个持续不断的完善过程。其实这个过程就是中医学中治疗疾病的"扶正祛邪"的过程。

在中医学中，"扶正"，即补正气以愈病的治疗原理，以增强体质，提高机体的抗病力，从而驱逐邪气，以达到战胜疾病，恢复健康的目的。"祛邪"，就是遵循消除病邪以愈病的治疗原则，即利用驱除邪气的药物，或其他疗法，以祛除病邪，达到邪去正复，恢复健康。

可见，加强自我管理与中医学中的"扶正祛邪"有着异曲同工之处。我们不妨利用"扶正祛邪"这种方法来加强自我管理。

首先，从观念上进行自我管理。通过不断学习和接受引导教育，提高自己对工作的认识，增强责任感，愉悦感。使自己积极主动地工作，提高工作效率。

其次，从行为上不断引导纠正，使我们遵守工作流程及工作规章制度。

最后，从结果上寻根溯源，不断找出差距，使我们的工作符合岗位标准要求。

2. 遵循职业操守

如果所有人都腐败、假公济私、唯利是图，组织必然难以发展，民族谈何振兴？因此，每个人不仅要遵守职业的基本道德操守，还必须"修德"，"德"即职业五德：诚信、忠诚、服从、守规、担责。

诚信。诚信是为人之本。如果违背了诚信，则违背了全心全意为人民服务的要求，如何不腐？人无信不立，诚信是众德之首，人人当修，为官当更深入修之。

忠诚。中国自夏朝开始就是一个尚忠的国家，对于中国人来说，忠诚不仅是一种美德，更是必修之德。不忠诚就是缺德。工作人员就应该忠于国家，忠于人民，忠于职守。

服从。国人都应服从法律，职场人士都应服从岗位纪律，党员必须服从党的纪律，为官者还需接受人民的监督，履行公仆的义务。服从也是职场道德，我们要提高服从意识，为民族振兴而奋斗不息。

守规。守规是关键，坚守原则，坚守清廉，坚守自洁，不沾染不良习惯，不贪色贪财，按照国人道德、国家法律，尽忠职守都离不开"守规"二字。

担责。任何一种职业都有一肩职责。每个人要有责任意识，一要为国家负责，二要为人民负责，三要为角色负责，只有心里始终装有民族振兴的使命，才能为实现民族振兴而行动。

3. 合理控制情绪

企业是我国市场经济的重要组成部分，是实现民族振兴不可或缺的重要因素，对于我国经济的稳定发展，以及促进民族振兴有重要意义。而现今，笔者接连发现许多企业低效，甚至破产。

于是，笔者对其原因进行深入的调查分析。调查结果表明：两大主因导致企业低效和死亡：外部因素和内部因素。其中，内因占较大比例，即企业内部不和谐导致的低效、死亡所占比重比较大。而导致企业内部不和谐主要原因是个人情绪化严重。个人情绪化严重会导致组织内部矛盾不断，最终使

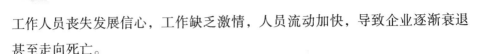

工作人员丧失发展信心，工作缺乏激情，人员流动加快，导致企业逐渐衰退甚至走向死亡。

为什么控制情绪与民族振兴有关?

首先，情绪化导致企业效率低下甚至死亡，阻碍国家经济发展和民族振兴的前进步伐。当人们受到情绪化干扰和影响时，情绪低落、丧失奋斗的激情，态度消极。可见，情绪不仅影响到个人的发展，更与民族振兴有关。

其次，情绪化影响企业稳定，当员工产生负面情绪时，则容易出现"跳槽"的念头。而员工频繁流动就会影响企业的健康发展，对实现民族振兴非常不利。

工作中，人们总是忽略了情绪的重要性。随意将个人情绪带到工作中去，殊不知，看似不起眼的个人情绪，对个人发展、企业发展甚至民族振兴都有至关重要的作用。因此，每个人必须合理控制情绪。

控制和避免个人情绪化需从以下几个方面加以改正：

首先，增强个人对情绪化危害的认识。工作中，无论你是谁，无论是哪种原因引起的情绪波动，都不应该随意发泄情绪。员工是企业的脊梁，一旦脊梁有问题必然会影响到整体。

其次，增强个人全局意识。假如每个人都能站在企业的全局角度上考虑，具备大局意识，一切为了企业的发展，一切为了民族振兴而努力，就自然会控制自己的情绪。

因此，我们必须克制自己的情绪，不断提升自己的素质和修养，无论是从对自己负责还是对组织负责的角度来讲，都要杜绝把情绪带到企业发展中去，一切以民族振兴为主。

综上所述，民族振兴离不开所有人的努力，每个人需提升自我，为民族振兴而贡献自己的力量。

第三节 一切有利于社会和谐

实现社会和谐，建设美好社会，始终是千万中华儿女梦寐以求的夙愿。和谐社会，2005 年版《现代汉语词典》中解释为：体现民主法治、公平正义、诚信友爱，充满创造活力，人与人、人与自然和睦相处的稳定有序的社会。2005 年以来，中国共产党提出将"和谐社会"作为执政的战略任务，"和谐"的理念要成为建设"中国特色社会主义"过程中的价值取向。"民主法治、公平正义、诚信友爱、充满活力、安定有序、人与自然和谐相处"是和谐社会的主要内容。

细数为社会和谐而无私奉献的楷模，非女警任长霞莫属。

出生于河南省商丘市睢县的任长霞，从小的理想就是做一名为人民服务的警察。长大后，终于如愿以偿。

任长霞时刻以全心全意为百姓服务以及为社会和谐而无私奉献为职责，恪守职业道德，为群众服务。工作期间，任长霞对百姓的事丝毫不懈怠，别人眼里的芝麻小事，她都视为塌天大事来看待，对百姓尽职尽责，力求社会和谐。

任长霞为了破案，东奔西跑是常有的事，甚至节假日都放弃了与家人共享天伦之乐，毅然全身心投入到工作中去。

有人看到任长霞这么辛苦，经常对她说："你一个女人，应该以家庭为主，不用像男人一样这么拼命。"可任长霞不这么认为，为了确保社会和谐，为了保障群众的利益，她宁愿放弃与家人相处的时间，也要把工作做到位。

面对朋友的劝告，任长霞毅然坚定地说："公安，公安，心中要有公，人民才有安；公安，公安前面加上人民两字就是让我们时刻牢记自己是人民的公安，要为人民办实事，办好事。"

就这样，凭借全心全意为人民服务、以社会和谐为宗旨的精神，2001年，任长霞担任登封市公安局局长。在外人眼里，任长霞当官了，理应犒劳自己，让自己多休息、多享受。可是事实并非如此，她深感局长身上的重担。由于登封在河南省是出了名的乱，难治理，任长霞发誓一定要管理好登封市。

就这样，作为一名女警，她始终把人民的疾苦放在心中，解决了十多年积累的疑难案件，但她却不幸于2004年因公殉职，被誉为"警界女神警"。

如果每一位公务人员都能像任长霞局长这般无私奉献，忠于自己的职责，时刻心系社会安危，相信我们中国构建和谐社会将指日可待。

毋庸置疑，"和谐"的理念要成为建设"中国特色社会主义"过程中的价值取向。而"人和"、"天人合一"是保持社会和谐的有利因素，我们需为维护社会和谐而努力，做到"人和"、"天人合一"。

1. 人和

儒家"人和"思想由来已久，儒家把"和"视为处理人际关系的一个准则，并欲以"中庸之道"化之。孔子说："君子和而不同，小人同而不和"，"君子中庸，小人反中庸"。就是以调和人与人之间的矛盾求得社会矛盾的缓和，进而实现社会的和谐。

"人和"是指人心所向，上下团结，"人和"需从"正心"开始。如若心不正，则很难与人和睦相处。

《大学》有言：心正而后身修，欲修其身者，必先正其心。

无论何人，如若心不正，则不能做到修身，即不能由正确的态度去产生正确的行为，范围放大到整个社会时，就会产生严重的后果，很可能导致社会的病态发展。

人欲立于世，必先修其身。人人都要以修身养性为根本。若人人都能有良好的思想品质，则彼此相处交流时便会减少冲突，增加友善。

对于国有单位的成员来说，修身更是关键。欲服人，必先自信之；欲将人，必先自立之。我们只有具有良好的素养和修为，才能在外界拥有良好的声誉。

所谓正心，就是要端正心性，不能片面看待事物，用辩证的眼光看待工作中出现的任何问题。这样，有利于明确自己在工作中的位置，培养一颗公心，无私地对待工作。此外，对待同事也能保持一颗公正之心，这样当面对他人批评和质疑时才能够豁达担当，用乐观的心态看待一切。

对于我们来说，心若不正，总夹杂个人好恶之私，同功却不能同赏，同过却不能同罚，久而久之，不仅会影响我们的工作士气，而且也不利于企业内部的团结，还容易助长一些不良风气。

欲成为一个优秀的工作者，必先学会正心，而后达到修身，修身后达到"人和"。

唯有先正其心，才能达到"人和"。从自己的内心深处改变自己的品性，才能达到真正的修身，才能展现出良好的素养。心性高雅，才能保持良好的工作修养；心胸宽阔，才能有不愠不怒的作风；心态平和，才能淡泊名利泰然处之；心智刚毅，才能迎难而上、坚持不懈。

心正才能身修，才能达成社会和谐的其中一个条件——"人和"。

2. 天人合一

儒家文化中的"天人合一"思想正好契合了社会和谐的内容之一——人与自然和谐相处。在中国思想史上，"天人合一"是一个基本的理念。国际著名东方学大师季羡林先生对其解释为：天，就是大自然；人，就是人类；合，就是互相理解，缔结友谊。

由此可见，人是大自然的一部分，我们需要关注生态环保，尊重自然、爱护自然，将爱护大自然作为维系社会和谐的最佳手段。

然而，在利益的驱动下，肆意污染河流、过度修水库、建大坝、砍伐树林、破坏海洋、破坏草原等一系列以人类为中心的行为，严重破坏了生态环境。唯利是图最终让人类尝尽了淡水危机、地球变暖、空气污染等苦头。

人类在捍卫畸形的个人利益时，忘记了古人的教诲，忘记了与自然和谐共处的重要性。这种疯狂掠夺生态环境的行为若继续下去，人类生活怎会越来越好，社会怎能和谐？

2011年9月8日英国《泰晤士报》网站报道，世界自然基金会英国分会主席、英国王储查尔斯警告：除非人类改变生活方式，停止大规模消费，遏制失控的气候变化并不再毁灭野生生物，否则人类将面临"第六次大灭绝"。

不可否认，我们赶上了这个物欲横流的年代，对金钱过度追求，资源过度利用，理想过度淡漠，生活过度劳累。这样肆意破坏大自然，是自私自利且愚蠢的，这样必会亲手将自己的幸福家园埋葬。

诚然，解铃还须系铃人，我们必须将环保事业进行到底。想要做到"天人合一"就要从基础做起：

首先，加强环保意识，同时积极向自己熟悉的人和社会大众宣传有关环境保护的法令，宣传保护环境的重要意义。

其次，对严重污染环境的企业进行整改和关停，走可持续发展道路，实现人与大自然的和谐共处。

最后，节约用电、节约用水、节约资源；严格遵守有关禁止乱扔各种废弃物的规定；不捕杀野生动物；减少开车次数，减少空气污染。

保护生态环境，匹夫有责，这样才能达成社会和谐的另一个条件——"天人合一"。

总之，建设和谐社会，是我们每一个人的责任。只有不断提高构建社会主义和谐社会的能力，保持稳定有序的社会环境，维持社会安定与社会和谐，才有企业以及个人的发展。

德国伟大的哲学家马克思有句名言："对和谐之美的追求是人类的本能。"现代作家冰心也说过："美的真谛应该是和谐。这种和谐体现在人身上，就造就了人的美；表现在物上，就造就了物的美；融汇在环境中，就造就了环境的美。"

如果你想要有所成就，请时刻记住这条真理：只做有利于社会和谐的事。

纲领二：严格遵守一切有利于组织的标准

第一节 一切以组织利益为先

和谐是发展的基础，是组织发展的最高境界，"和气生财，以和为贵"是中国传统的文化精髓。

组织和谐发展，离不开工作人员的积极配合，离不开一切以组织利益为先的信念。

一切以组织利益为先，则要求时刻以群众整体利益为重，将组织利益放在首位，当组织利益与个人利益发生冲突时，能够捍卫组织利益。

远在几千年之前，我们的老祖宗都能认识到这一点，说明了"和"字的重要性。改革开放以来，我国奉行"和谐发展，以组织利益为先"的战略，使我国经济取得了举世瞩目的成就。很多公共管理部门或企业组织的工作人员，由于只顾个人利益，导致工作效率下降、企业效益下滑的现象屡见不鲜，如同很多家庭，父子不和，兄弟不和，亲戚不和导致了家道衰落。

很多人，好争好斗，不能与他人和谐相处，结果失去他人的帮助，导致个人不能发展。正如苏联作家奥斯特洛夫斯基所说："谁若认为自己是圣人，是埋没了的天才，谁若与集体脱离，谁的命运就会悲哀。集体什么时候都能提高你，并且使你两脚站得稳。"

任何组织、家庭、个人，只有和谐才能获得发展，而一切以整体利益为重，才是和谐发展的根基。

中国为什么能够建立社会主义国家？

原因在于老一辈无产阶级革命家时刻以组织利益为先，其中组织利益包含了群体利益。他们只求付出不求回报、不谋私利，大多数人始终把全心全意为组织放在第一位，一生清贫，生活简朴，没有给自家后人留下丰厚的家产。正是由于他们不谋私利、看淡个人利益，才为政党建设和国家发展做出了巨大的贡献；正是由于他们不谋私利，才为我们留下了光辉的榜样；只有不谋私利、看淡个人利益才能把政权巩固好，把国家发展好。

然而，一些垄断国企工作人员不满意每月的报酬，反而利用手中的权力，私自将公款塞进个人腰包，便于他们退休时享有，甚至便于子女享用。甚至有些人，利用职权将某些岗位"照顾"给没有担任能力的亲友，这直接造成了国有企业资金、人才流失，效益得不到最大化，甚至损害了国家利益，侵犯了人民大众的利益。

显然，这种行为完全违背了"以组织利益为先"的原则，这将极大地损害中国社会公平，是中国社会不稳定的祸根之一，是真正的祸国殃民，必须制止这种行为。

以组织利益为先，表现为遵循社会主义市场经济规律，以组织发展为根本，在工作中，不做危害组织利益的事。工作人员只有克己奉公，不谋私利，才能把国家利益放在心上，把人民利益放在心上，将全部身心投入到工作中去。工作人员只有不谋私利，以组织利益为重，才能踏踏实实地把企业做大、做顺利，促进企业和谐发展。

诚然，以组织利益为先，让组织和谐发展不是口头上的，而是要做出来的，每个人需要从几个方面来认识：

　　首先，从组织角度来讲，要认识到和谐对组织发展的重要性以及不和谐对组织发展的危害性，不断地调节组织内部的摩擦，将组织利益放在首位，改善同事之间的关系，重视组织和平与发展的关系，从大局上走向和谐。

　　其次，从组织内部角度来讲，要合理调节组织之间、组织与成员之间以及成员与成员之间的利益关系。无论组织与组织之间、组织与成员之间，还是成员与成员之间的不和谐都是因利益不均而导致的。组织要和谐发展就必须不断加强对组织成员的和谐教育与疏导，增强组织成员对和谐的必要性的认识，统筹利益。只有每个人有了正确的认识，才能做到时刻以组织利益为先，才能促使组织和谐发展。

　　再次，从团队角度来讲，工作要和谐不但要注重利益关系的调节，还要注重和谐因素的创造，例如重视合作，减少争吵，相互理解，相互包容，团结友爱，互帮互助等，具有良好职业修养的团队，才更容易做到以集体利益为重，以组织利益为先，从而使组织这个"大家庭"得到更好的发展。

　　最后，从个人角度来讲，要懂得为他人服务、为组织服务的重要性。工作中多一些仁爱之心，减少私欲，多理解他人，多包容他人，才能得到他人的帮助，有了帮助才会迎来自身的发展。与此同时，多感谢组织、感谢同事，这样才能发自内心地以组织利益为先，淡化个人利益，为组织发展无私奉献。

　　有人说，人有私欲是正常的。我并不反对这种观点，人有私欲无可厚非。

　　俗话说得好："人不为己，天诛地灭。"人为自己的利益着想是合理的，从心理学的角度而言，人的私欲是为了满足最基本的物质所需，当物质需求满足后，又开始追求精神需求。正因为有"私欲"才使一个人有努力工作的动力。但是，这种私欲不应该建立在危害他人利益、危害国家利益的基础上，必须是在法律、规则、道义约束下形成的"自私"。如果一个人利欲熏心，在违背组织纪律、违背道德的基础上不惜一切代价满足自己的欲望，这是坚决不允许的。

　　我们是国家的一员，组织的一分子，我们应该以主人的姿态对待国家集体的事务。时刻以集体利益为先，时刻捍卫集体利益，维护集体荣誉，表现出崇高的职业道德修养。在不损害国家利益、组织利益的前提下，再谈个人私欲才是允许的，也才能够使自己获得真正的幸福。

现今，组织应有鲜明的时代感并取得佳绩，组织的发展任重道远。每一个人必须无私奉献自己的力量，才能促使组织取得更好的发展。员工作为组织的一分子，平时就要起到先锋模范作用，在实际工作中积极进取、无私奉献，不怕困难。

综上所述，不论一个组织、一个团队抑或一个人，只有懂得组织利益的重要性，能够着眼于大局，时刻为群体服务，不计较个人得失，才能形成和谐、和气的局面，才能促使组织走向成功之路。

第二节　一切以组织发展为重

组织发展的目的在于创造利益最大化，不断增强组织竞争力，为国家以及民众贡献应有的力量。因此，组织的有效发展事关重大。

现今，中国文化不断释放出的蓬勃活力让全世界刮目相看，国家发展尚且重视文化的作用，组织发展怎能怠慢。组织的健康发展也离不开良好的组织文化。

人类存在的地方，必有活动的记录、历史的沉积、生活的需要和愿望，这就形成了文化，它是人们认识自然和改造自然的物质产物和精神产物。组织是现代社会最重要的一种群体，哪里有组织，哪里就有人，哪里就有文化。

组织文化与组织发展之间具有相生相克的关系。良好的组织文化有利于组织的发展，低俗的组织文化不利于组织的发展。如果一个组织的所有成员都具有统一的价值观念和发展目标、正确的心态、良好的工作习惯，就能团结一心共谋发展，组织将会立于不败之地。反之，组织没有良好的文化氛围，在生产、管理和服务等各个环节的各个方面都可能会出现问题，这样就很难实现企业的发展大计，甚至不能保证组织的正常运营。

目前，我国组织正处于缺乏良好组织文化的境况，这也是制约组织发展的"瓶颈"之一。俗话说："小型组织靠老板，中型组织靠管理，大型组织靠文化。"这是一种错误的观念，无论组织规模是大是小，都需要借助文化的力量引导组织健康发展。

如果企业能够建设良好的文化环境，远离"三个和尚没水喝"、"事不关己，高高挂起"、"当一天和尚撞一天钟"等不良文化，形成良好的组织精神文化、行为文化和制度文化，那么组织所有成员的素质就能得到提高，工作效率也会相应提高，必然帮助组织走上稳定的发展道路。

除了组织文化，组织的发展离不开所有人员的思考力、执行力以及平衡力。只有将我们的"三力"集中起来并灵活运用，才能够帮助组织更好地发展。

1. 思考力

小思考，大智慧。从古至今，每个时代都有优秀的工作人员。古代有广开言路的贤明君主，有运筹帷幄的威武将军，现代亦有追求卓越的精明领导。然而，优秀的人员都有一个共同的闪光点——思考力。

思考力，是由大脑、意识、思维、思考对象构成，在思维的"定向"作用下，对思考对象的属性进行的思维活动。在工作中是指人们普遍具有的辨认事物、判断是非善恶的能力或认识。

现实中，为什么一个创建仅十几年的乳制品企业可以成长为主营业收入超过200亿元的企业？为什么一个刚创建时没有工厂，没有市场，并且处处受到别人挤兑的"小作坊"能够成长为日收奶量过万吨的亚洲收奶冠军？为什么这个年仅十几岁的企业研发的特仑苏牛奶可以打败拥有百年历史的跨国企业，获得全球乳业的冠军？

蒙牛创造的中国奇迹和带领中国乳业进军国际市场的速度，让世界震惊，蒙牛的发展很值得每一位有志青年深思，其成功因素无不与独特的思考力有关。

如今市场竞争激烈，市场情况瞬息万变，很多时候时间就是机遇，机遇稍纵即逝。谁跑得过时间谁就是赢家，谁抓得住机遇谁就是胜者。一个人优柔寡断、缺乏思考力，容易丧失最佳时机，东风来时未备草船，最终导致一招棋慢，满盘皆输。

人们在进行思考时，只有思考的方向始终围绕着组织发展，并把握组织的关键，这样的思考活动才会有效果。

2. 执行力

为什么要提升组织执行力？

因为只有通过贯彻和执行，组织的各项制度、规范、措施、策略、规划、计划等才能切实落实，才能把预期转化为现实，把目标转化为成果，才能保证组织顺利发展，实现组织和个人的利益。

影响组织执行力的内部因素主要有：战略、计划及制度本身是不是合理、科学、可操作；部门之间权、责、利的划分是不是清晰明确；组织内部是不是存在错综复杂的人际关系；组织的信息传递渠道是不是通畅，能不能保证及时有效沟通；组织是不是做到了大力宣传，使广大员工充分认识到制度的重要性。

3. 平衡力

平衡力，即时间与价值保持等价、平衡。

一个人让管理时间成为一种习惯，那么他的人生也会从此不同。我们要集中精力，把自己有限的时间用在处理最重要的事情上。切忌每样工作都去抓。要有勇气并机智地拒绝不必要的事与次要的事。

有人这样说：想要体会"一年"有多少价值，你可以去问一个学业失败重修的学生或者业务失败的经理人；想要体会"一个月"有多少价值，你可以去问一个不幸的早产儿的母亲；想要体会"一周"有多少价值，你可以去问一个定期周刊的编辑；想要体会"一小时"有多少价值，你可以去问一对等待相聚的恋人；想要体会"一分钟"有多少价值，你可以去问一个错过火车的旅人；想要体会"一秒钟"有多少价值，你可以去问一个死里逃生的幸运者；想要体会"一毫秒"有多少价值，你可以去问一个错失金牌的运动员。

浪费时间的主观原因有：缺乏明确的目标、工作拖延、缺乏计划和次序、想做的事情太多或者有头无尾、工作缺乏条理、不懂得必要的授权、不会拒绝别人不恰当的请求、决策仓促、懒惰与心理消极等。

浪费时间的表现：一是因为对生命没有紧迫感，对时间不够重视，没有养成遇事马上做的"日清日新"好习惯，总把今天的事情推到明天去做，以至于"明日复明日，明日何其多；我生待明日，万事皆蹉跎。世间苦被明日累，春去秋来老将至"。殊不知，昨天是"期票"，明天是"支票"，今天才是"现金"，万事等明天就会导致懒惰、拖沓，虚度年华，闲白了少年头。二是缺乏科学管理时间的方法与技巧，低效率重复劳动，最终成效浅薄。

想要做到以组织发展为重，必须彻底转变观念、珍惜时间，杜绝浪费时间的各种现象，使自己的时间产生高价值、延长自己的工作寿命，为组织发展奋斗不息。

总之，我们都要一切以组织发展为重，时刻遵循组织文化，保持"三力"，为组织发展做贡献。

第三节 一切以组织团结为首

"团结"一词大家都耳熟能详，被世人用以比喻由多种力量集中在一起而产生坚不可摧的强大力量，为实现共同目标而奋斗。

组织为什么要团结？

一个人的力量毕竟是有限的，原始人类为了生存形成了以部落为单元的组织，部落的核心目的就是集聚更大的生存力量。组织团结是为了增强组织力量，更好地应对生存与发展中的困难。

团结是组织工作的基础，团结就是战斗力，组织团结的精髓就是一种积极向上、永不言败的精神。没有团结就没有力量，团结能够战无不胜。这是从古至今亘古不变的真理。

"五人团结一只虎，十人团结一条龙，百人团结像泰山。"毛泽东说过："团结一致，同心同德，任何强大的敌人，任何困难的环境，都会向我们投降。"美国管理学家詹姆斯也说过："要想取得今后的成功，就应充分运用人力资源，尤其要尽力形成强大的团队合力。"

现今工作中，很多人都在帮助组织追求长期的效益，而相当一部分人从未认真思考过关于团结力量的问题，一味追逐短期利润。这种不考虑组织团结的行为，已经造成了严重的后果，不仅使组织内部丧失战斗力，也因无绩效而使组织面临得不到发展的问题。

可见，不以组织团结为首的现象，已经严重地制约了组织自身的长期发展，及时有效地克服忽视组织团结的思想和行为，是当前刻不容缓的事情。如果每个人不能从自身做起，不能最大限度地消除这种无视组织团结的现象，将会给自身、给组织甚至给国家带来不可估量的损失。

一切以组织团结为首，需做到以下几个方面：

1. 一切以组织团结为首，从自身做起

忽视组织团结的问题主要出在工作人员身上。首先，个人需提高组织团结意识。由于个人任职期有限，部分人缺乏长期观念，任职后以稳定为主，追求个人利益最大化，因而不能有效整合和充分利用组织的有限资源，结果造成国有资产流失和人才流失。出现这种问题的根源在于"做一天和尚撞一天钟"的思想作祟，不能本着"全心全意为组织服务"的精神来从事工作，没有把国家和组织赋予的重任、职责和期望放在心上。

其次，包容心不够，缺乏包容心是制约个人以组织团结为首的一大"瓶颈"。这类人无法与他人友好相处。缺乏包容心的表现为：寸功不让、寸亏不吃、斤斤计较，不懂得帮助同事，凡事只考虑自己的利益。久而久之别人也不愿意帮助他，太斤斤计较不利于组织成员的合作共事，也不利于为自己打下一个良好的发展基础。

诚然，一个人在人生道路中，如果没有别人的帮助就会寸步难行。我曾在《圣经》里看到这样一句话：花一千元钱置房，花八百元钱为邻。这就说明良好的人际关系是人在组织生存与发展中不可缺少的重要部分。

包容心，是我们每个人在组织、社会中寻求发展的必备素质，如果自己心里容不下别人，那别人心里也容不下你，如果你排挤别人发展，那么在这个人人都寻求发展的社会你必然也会被别人排挤。

所以，想要做到以组织团结为首，就要不断强化组织团结意识。从放开自己的胸襟和气度开始，包容得越多，走得越远越长久；想要做到以组织团结为首，必须树立正确的组织利益观念，要把为组织服务当作终身事业来做。克制一己之私，才能帮助组织做强、做大、做长久。

2. 一切以组织团结为首，必须坚持两项原则

组织肩负着实现国家繁荣富强和振兴民族经济的重任，面临着严峻的竞争形势。人们想要组织发展得更好，就必须坚持两项基本原则，即坚持目标一致原则和公众利益第一原则。

坚持目标一致原则。目标一致是指目标没有分歧，坚持目标一致原则即个人发展目标必须与组织发展目标相一致。有个值得大家思考的脑筋急转弯题目是：两个力气同样大的人一起推车，他们都用尽了力气车却纹丝不动，为什么会发生这种事情？答案很容易猜到，因为他们用力的方向不一致。这说明了一个简单的道理，无论什么组织，只有全员目标一致，才能得到较大的进步，才能获得成功，否则可能就会停在原地，甚至退步。

因此，将个人目标与组织目标相结合，打造一个平台，不仅会使个人得到进一步的提高和全面发展，而且，这样的长期发展机制有利于形成组织团结的理念，从而转换为以组织团结为首的行为。

坚持公众利益第一原则。公众是社会大众，公众利益是社会大众的利益。公众利益不仅与国家利益联系紧密，也同组织利益息息相关。公众利益第一原则是指个人在处理各种利益关系的时候，必须具有公众利益观念，把社会大众的利益放在首要位置。

曾经在新闻中听到过不少这样的事情，生产性企业没有把"三废"处理好，导致饮用水被污染，给人们的生活带来极大危害。企业被曝光和查处后，无法继续生产这就是一个损失，由于损害公众利益而造成的无形损失更大。所以，要把公众利益摆在第一位，需从每个人做起，任何时候都不能以牺牲公众利益为代价来获取商业利益。

3. 一切以组织团结为首，离不开信任

当今全球发展离不开相互信任。没有信任作为基础，一切安全问题、发展问题都没有保障，更不可能推动全球经济发展。组织亦是如此。

信任，是一种态度，更是一种组织文化。一个四分五裂、缺乏团结的组织，其成员对组织势必缺乏信任感，各自为政。信任，是团结之基，如果每个人做不到信任，那么组织也就不存在信任。员工就无法齐心协力，无法团结和凝聚力量。

4. 一切以组织团结为首，坚持"三个有利于"

要做到一切以组织团结为首，每个人必须给自己制定标准，"三个有利于"标准：一切符合客观规律，有利于组织团结、提高效益；一切适应竞争需要，有利于组织形成团结作风；一切符合人类利益，有利于组织形成正确价值取向。

利用"三个有利于"标准来督促自己，坚决不说对组织团结不利的话，

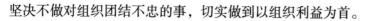

坚决不做对组织团结不忠的事，切实做到以组织利益为首。

总而言之，我们要一切以组织团结为首，时刻以组织团结为重。无论是组织还是国家，必须抱成一团，团结协作，互相支持，互相补台，才能取得成功。

纲领三：严格遵守一切有利于他人的标准

第一节 一切以先人后己为根

先人后己出自《礼记·坊记》："子云：'君子贵人而贱己，先人而后己。'"是指首先考虑别人，然后才想到自己。

组织要增强在国内市场乃至国际市场上的竞争力，离不开先人后己的思想。增强先人后己的思想，不断发挥自身优势，促使每个人积极主动地推进自主创新，加快科技成果向现实生产力转化，不断提高组织发展质量和效益。

然而，许多工作人员在工作中缺乏先人后己思想，他们注重追求物质利益，自私自利，缺乏凝聚力和战斗力。更有甚者，缺乏大局观念，缺少吃苦在前、享受在后、先人后己的风格，对组织的公共利益考虑甚少。在工作中往往表现在只做"对自己有利的"，而忽视他人利益与组织利益。因此，不能妥善处理公与私、个人与集体、自己与他人的关系。

这种缺乏先人后己思想的思维方式，严重制约着工作人员扎实对待工作的态度。轻则造成与同事相处不融洽，重则无法将组织的利益放在首位，自私自利之心会造成组织面临不景气甚至破产的局面。

因此，所有工作人员应在自身素质和本职工作上不断进步提高，逐渐培养先人后己的思想，势必要认真克服自身的一些问题，全面提高自身修养。每个人亦可通过以下几个方面来切实加强自身道德修养，培养先人后己的思想。

1. 加强学习，通过广学博采不断提高每个人的自身素质

人之进步，离不开学习。当今时代是学习和创新的时代，学习是养成良好习惯和掌握技能的最佳途径。工作人员可以通过制定明确、具体的学习目标培养先人后己的思想，自觉把先人后己思想的学习作为一种责任、一种追求，努力养成乐于奉献、善于帮助他人、以大局为重、不断总结提高的良好习惯。

如此一来，不仅提高了工作人员的自身素质，同时也引导工作人员不断提高业务素质和专业技能，进而不断提升分析问题、解决实际问题的能力，积极适应当代国企发展新要求，为组织发展孜孜不倦地奉献自己的力量。

2. 树立对组织的归属感和认同心，培养"热爱工作"的职业精神

组织和个人的命运紧密相连。《礼记·坊记》中写道："子云：'君子贵人而贱己，先人而后己。'"公共组织作为我国经济命脉的支撑载体与前进动力，不仅给许多家庭提供物质生活的保障，也为国家取得经济效益贡献了自己的力量。因此，所有工作人员理应认可组织的价值，将组织的利益放在首位，从而增强"先人后己"的意识。

当工作人员树立了先人后己的理念之后，会提高自身的责任心，会时刻心系组织安危。以乐观、积极的态度克服工作中出现的一切问题，发自内心地为组织而工作。

诚然，热爱工作不仅是所有组织理念的内在需要，也是每一位工作人员入职以后最基本的职业要求。如果一个人不认可自己的工作，就无法热爱自己的工作，无法正视自己和组织的价值，更难以形成先人后己的思想。因此，每个人如何在实际工作上真正做到树立信心与奉献精神，首先就需要在每个

人的心中树立对组织的归属感和认同心，养成先人后己的思想，为热爱本职工作打下良好基础。

3. 培养奉献精神

奉献精神是中华民族宝贵的精神财富。无论是抗洪精神、抗"非典"精神还是抗震救灾精神，都离不开"奉献"二字。只有拥有奉献精神的人才能够真正理解"先人后己"的内涵，才能将个人命运与组织命运，乃至国家命运深刻联系起来，为共同组织发展而努力，为国家和谐而奋斗。

4. 提高服务意识

随着银行业的改革开放，我国除了原有单一的国有银行外，很多民营银行、外资银行都不断涌入中国市场，打破了国有银行垄断市场的局面。各银行的产品大同小异，没有过多的特殊优势，而客户对服务却有了更多的选择，谁的服务好就去谁家办业务。服务成了银行被选择的一大原因，谁的服务好谁就掌握了更多的主动权，谁就会夺走更多的客户，就能在服务上具有优势。

因此，笔者认为"21世纪组织的竞争归根到底是服务的竞争"。银行自然也不例外，因此组织是否具备优质服务，成为各大组织竞争的关键。

如今的工作人员，无不有着强烈的竞争意识。敢于尝试和挑战贴有"新、重、难"标签的任务，表现了积极向上的精神风貌。但同时也暴露了一些缺点，即急功近利，缺乏服务意识。

当工作人员急功近利、缺乏服务意识时，就无法看到组织与他人的优点，只看到自己的长处，无法静下心来服务组织，狂妄自大。这种思想阻碍了个人和组织的发展。一些工作人员服务观念不强、无法重视组织利益，致使形式主义、官僚主义、享乐主义和奢靡之风形成。故而，许多人在工作上出现了"虚"、"浮"、"夸"心态，不愿意以谦卑的心态对待工作，难以提供优质的服务，更不会提高组织的竞争力。

因此，想要提高工作人员的服务意识，就要以构建和谐组织为目标，一切以组织利益为重。每个人应正确处理涉及公共组织改革工作的各种关系，严格按照组织纪律的规定做事。坚决按"五个原则"来提高自身服务意识：禁止工作人员不负责任导致组织利益流失；禁止违反程序、违法办案，损害其他工作人员的利益；禁止在工作中接受贿赂；禁止无故拖延，办案效率不高，影响组织发展的步伐；增强服务意识，树立先人后己的理念。

此外，"天人合一"、"阴阳平衡"等传统思想也都表明，和谐才能平衡。只有工作人员具备了谦卑的服务意识，整个工作氛围才能够和谐、愉悦。

5. 一切以组织利益为重

工作人员应适应新形势的要求，一切以组织利益为重。这就要求所有人担起责任，立足于纠弊功能，发挥监督作用；也要肩负起帮助组织发展、参与国家保障经济社会健康的重担。

每个人需弱化个人利益，把对工作有利的事切实做好，用硬措施营造公平竞争的市场环境，为组织发展拓展空间。坚守以组织利益为重的原则，培养先人后己的意识，减少组织与其他工作人员的工作压力。努力为组织发展出谋划策，让组织感受到所有工作人员的凝聚力，营造温暖和奋进的工作氛围。提高所有工作人员的积极性和主动性，加强各部门之间的沟通，激发每个人的活力。

第二节 一切以助人为乐为基

助人为乐，汉语成语，指很乐意主动帮助有需要的人。

由于国有企业具有独特的使命、特征和目标，因此，国有企业的工作人员必须在经济与社会的多维目标元素之间取得平衡，保持良好友善的精神。这就需要工作人员坚持一切以助人为乐为基。

无论是从实施"以德治企"这一治企方略的根本措施来看，还是从提高个人道德修养的迫切需要来看，提高个人的道德修养、培养助人为乐的精神都非常重要、十分紧迫。

只有那种真正对他人同情、关心，把别人的困难当作自己的困难，满腔热情地帮助他人去解决困难，并从帮助别人解决困难中感受到快乐与欣慰的人，才是助人为乐的人，才能做到发自内心地帮助别人。

工作中我们要始终把握"乐"字，不应仅注重"帮助"。帮助别人可能吃亏，也可能使个人利益受到损害，但是由于有同情心，看到别人解除痛苦与困难，自己感到高兴，这是一种无私的"乐"。一个人只有把自己的"乐"与他人的"乐"融合在一起时，才能真正感受到助人为乐的意义所在。

助人为乐不仅是我们中华民族的传统美德，而且体现了个人或组织及团队对待事情的立场与观点，它与漠不关心、落井下石形成了强烈的对比。

凡是发展良好的单位或集体，其员工无一不注重助人为乐精神的培养。乐于帮助他人，需要发扬人与人之间的互尊、互爱、互助精神，保持工作氛围和谐。一个人只有培养了良好的职业道德，才会在工作中形成良好的声誉，才能使自己和自己存在的圈子产生强大的磁场，才可能驰骋职场，赢得成功。

对于企业组织来说，一个人道德水平的高低往往对于组织的生存与发展起着决定性作用。一个人一切以助人为乐为基础，越关爱同事与企业，证明他的素质越高，那么企业的工作标准和工作效率就越高，进而提高企业的竞争力。

虽然我国目前对组织工作人员行为的研究尚处起步阶段，但综观我国企业组织的发展，对于工作人员的素质修养其实我们不陌生。其中，"助人为乐"、"积极认真"、"无私奉献"、"主人翁意识"等，这些过去在公共组织中大力提倡的口号，的确促生了许多乐于助人、无私奉献的伟大劳模。例如，我们较为熟知的雷锋、焦裕禄等。

可是，近年来，人们的观念发生了很大的变化。尤其是在现在的企业组织中似乎物质激励更具优势，员工们也逐渐将原来的那些价值观念淡化了。

工作人员变得自私、狭隘、冷漠、麻木，不再关心组织发展，也不关心社会事务，更加不会关心国家命运。

有人说："体育运动不会塑造性格；它只会将原有性格展示出来。"2011年在日本发生的自然灾害也证明了同样的结果，危机爆发会让人的本来面目表现出来。

这就是骇人听闻的日本"福岛五十人"事件，日本发生9.0级大地震并引发海啸，严重破坏了福岛第一核电站。原来有800名员工的核电站，只剩下了50名留守员工，其中有20人是自愿留下来的。他们用生命向世人诠释：乐于助人、无私奉献的职责所在。但是，另外，在海啸引起的混乱中，某些疯狂的人也表现出不顾他人的安危而保全自己的行为。

为什么有的人能将自己的性命置之度外去帮助他人，而有的人却不惜一切代价做出自私自利的事情呢？

原因是一个人是否将助人为乐的使命植入脑海中，根深蒂固。

诚然，"仁"是中国古代一种含义极广的道德观念，内容包含甚广，核心是爱人、助人。"仁"字从人从二，也就是人们互存、互助、互爱的意思，故其基本含义是指对他人的尊重和友爱帮助，它驱使人们尽心尽力自愿去做一些乃至牺牲个人利益的事。

几千年来，"仁"的观念已经渗透到中国每一寸土地上，在国人思想中根深蒂固。无论是历来封建王朝的更替，还是如今社会主义和谐社会的发展，仁政始终没有退出中国的政治舞台，一直作为统治者治理国家的主要政策。

既然古人在很久以前就懂得助人为乐、友爱的重要性，那么，我们当代每一个人更应继承古人的传统美德，并将其传承下去。

然而，加强助人为乐精神的培养，并非是一蹴而就、立竿见影的，而是要长期坚持、常抓不懈才能见效的。

1. 从思想上认可"助人为乐"，并坚持不懈

君子睹高远，行渐修，无时间断。每一位工作人员，首先要在思想上有

一个高标准，即加强自身道德修养，从助人为乐做起。逐渐提高个人的修治，从不间断。培养自己的优良品德，丰富自己的理论知识，完善自己的助人为乐行为，更新自己的助人为乐观念，提高自己的助人为乐意识，用发展的眼光看待自己，甚至形成一套自己的管理理念，并坚持不懈地实施下去。如此则具备了一个优秀员工的良好素养，即做到了修己。

2. 乐于助人，从身边小事做起

帮助他人，切忌好高骛远，不切实际，夸夸其谈，不做实事。每个人不妨从自己做起，从生活的点滴做起。随时随地去关心同事和领导，把他们当作家人来看待。从问候同事、帮助同事打扫卫生、帮助同事解决问题、帮助企业渡过难关开始。这些都是实实在在助人为乐的行为。

每个人怀着一颗仁爱之心，做好自己的每一件事，关心身边的每一个人，坚持不懈做一辈子，这才是真正的助人为乐精神。

善于助人的人，常怀善心，做善事。助人为乐，做善事，应该实事求是和为了公益，切忌带有任何商业目的。只要是本着这样的宗旨，那么每个人的助人为乐精神都是值得表扬和称颂的。久而久之，形成人人为我、我为人人的良好氛围，提高职业道德修养。

第三节　一切话语以平和谦逊为本

但凡说话都离不开语气，与他人交谈语气有着重要的作用。同样一句话，用不同的语气，其效果往往大相径庭。

每个人的内心都有自己渴望的"评价"，希望别人能了解，并以平和谦逊的语气，给予赞美。

平和谦逊的语气，是指一个人讲话比较温和、不骄不躁，在谈话中透出

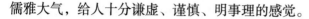

儒雅大气，给人十分谦虚、谨慎、明事理的感觉。

在工作中，语言是人际交往的桥梁。时刻保持以平和谦逊的语气说话，能够适时地给予鼓励、慰勉，认可同事的能力，以谦卑的态度与人相处，对于这个人能否长久在工作中顺利发展下去，有着举足轻重的作用。

工作中，我们见到许多以领导样子自居、盛气凌人的人，尤其是在公共组织中，一部分人忘记了自己"人民公仆"的身份，随意对他人指指点点，甚至恶语伤人，致使身边的人产生逆反心理，为以后的工作埋下了隐患。

英国作家托马斯·富勒曾说："失足引起的伤痛，很快就可以恢复。然而，失言所导致的严重后果，却可能使你终生遗憾。"常言道："饭可以随便吃，话不可以随便说。"在工作中，人与人沟通，应小心翼翼，以免祸从口出。但是，有的人讲话没有修养，常常口不择言、诽谤他人，最终导致人与人之间滋生抱怨情绪或者反目成仇。

在一家中石油集团，有个工作人员每天眉头紧锁，严肃至极，对其他工作人员讲话时态度十分恶劣。一次，他安排下去的工作，期限到了，却仍未见同事来汇报工作。于是，他便不分青红皂白、怒气冲冲地召集所有人开会。

会议中，他丝毫没有听取同事的解释，只顾自己批评道："居然敢把我的话当耳旁风，以后你们休想好过，能干就干，没有能力就走人！散会！"

他的这一番话，不但没有威吓到其他工作人员，反而激起了"民怨"。原本，其他人员已经将工作中出现的问题提出并准备解决，但看到他如此盛气凌人，如此不尊重自己，于是，他们谁也没有将工作中出现的问题解决掉。

可见，工作中出言不逊，实乃大忌。这样不懂得尊重他人，不懂得沟通技巧的人，难以受到同事的青睐。

诚然，共同组织为国家及全民所有，必须提高工作人员的整体素质。无论思想、行为还是讲话均要做到以"德"服人，以平和谦逊的语气与对方交流，发展知荣辱、讲正气、作奉献、乐于助人、诚恳待人，促成和谐的良好风尚。

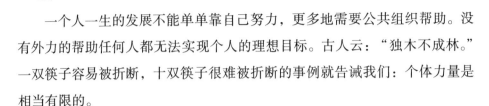

　　一个人一生的发展不能单单靠自己努力，更多地需要公共组织帮助。没有外力的帮助任何人都无法实现个人的理想目标。古人云："独木不成林。"一双筷子容易被折断，十双筷子很难被折断的事例就告诫我们：个体力量是相当有限的。

　　我们再试想一下：一个人出生后没有母乳哺育，就无法生存；懂事的时候没有家里供读书，就不会得到知识；长大成人的时候没有单位接收就没有平台施展能力，不会有能力的提升；在出现灾难、困难的时候，没有亲朋好友及国家社会的援助就很容易陷入绝境。所以，个人与他人、个人与家庭、个人与社会、个人与单位组织、个人与国家都存在紧密的联系，谁也不例外。

　　既然个人与他人、家庭、单位组织、社会及国家都存在紧密的联系，个人若想要与他人、家庭、单位组织、社会及国家都和谐相处，处理好各方面的关系，就有很多重要的规则需要遵循，例如：必须要在利益上有所舍弃，言语上有所收紧，行为上有所约束。归结起来就是一条"黄金规则"：一切话语以平和谦逊为本，低调做人。

　　想要在工作中如鱼得水，就需要明白如何树立有口皆碑的道德形象，建立与同事相互信任的职场关系。在当今这个竞争十分残酷的时代，每个人讲话必须以平和谦逊为本，从而折射出做人的最高境界。

　　一切话语以平和谦逊为本，主要作用是可在工作过程中紧密联系，获得同事及组织的好感。不要过分张狂，引起他人、组织及社会不满，进而设置障碍，使自己不能借势借力而导致错过生存与发展的机遇和帮助。毕竟人都有这样一种感觉：都不喜欢飞扬跋扈、过分张扬、目中无人、盛气凌人的人。

　　因此，说话语气平和谦逊，目的是为自己生存与发展铺平道路，为自己获取更多发展空间，获得更多的援助。我从小受母亲的教导很多，母亲经常在我面前唠叨："将小将小，天下走了。"这句话讲的意思让我始终要保持一种谦卑心态，无论与什么人相处都要谦逊，尊重他人，做一个能够放下自我的人。

　　回顾历史及总结多年来社会上很多出问题的人，他们很多是由于做人过分高调、张扬跋扈、不谦卑、不尊重他人或组织而导致人生走向了低谷。

　　因此，人要想永远手握自己的命运，而不是任由别人摆布，就得低调做人，从放低姿态做起，从语气平和谦逊做起。只有低调、语气平和的人，才能使自己与企业之间和谐，与他人之间建立友好关系。

　　诚然，低调做人，语气平和谦逊，是一个人做人和做事的"黄金规则"。要获得生存与发展的机会必须要把握原则，少走弯路。要取得较理想的发展必须把握这项"黄金规则"，如果不能把握这项做人做事的"黄金规则"，每个人都会面临一些危机，甚至会掉到一生发展困境之中。

　　中国素有"礼仪之邦"之称。"礼"作为一种具体的行为来讲，是指人们待人接物时的文明举止，也就是现在所说的礼貌。而礼貌的最基本要求，则是语气平和谦逊。

　　总而言之，语气是有声语言的最重要的表达技巧。我们讲话时，要一切话语以平和谦逊为本，从而赢得交际的成功，为公共组织发展贡献力量。

第二部分

"五常道"是职业本质

"常道"一：诚信是立身之基

第一节 诚信是职业发展的需要

诚信，是人们必备的优良品格。当一个人学会了讲究诚信，则代表他懂得了讲文明，有原则。这类人往往会处处受欢迎，不讲诚信之人，则会落入各种困境，因为不守约、无原则，而遭到人们的忽视。可以说诚信虽然是一个道德范畴的内容，但却如同法律一般坚韧，诚信是人类的第二张"身份证"，是最具感召力的名片，是我们工作、生活中诚实和信用的合称。

无论待人处事，还是对待工作，真诚、守信，言必信、行必果，一言九鼎的行为才是最受人尊重的表现。2007年，电视剧《诚信》播出后，引起了巨大反响，剧中故事对当代商战淋漓尽致的刻画让人们感触颇深，很多人看到了诚信之人在最初遭受的磨难，更欣慰的是看到了这些人最后的收获，每一位看过这部剧作的人都深刻感受到我们要讲诚信。尤其是在当前经济市场发展迅速的社会当中，诚信是我们生存的根本，诚信是职业发展的最大保障。

之所以说诚信是职业发展的根基并非是无的放矢，2012年的一则新闻就充分地证明了这一点。2012年盛夏，乌鲁木齐最大的商品市场老板，德汇置业集团董事长钱金耐接受记者采访时就曾说道："做人要有一颗诚信的心，不然什么事情都做不好。"

钱金耐是乌鲁木齐十分著名的商人，这并不是源于他的企业大，而是因为他已经成了当地"诚信"的代表，他通过自己的实际行为向所有人展示了诚信的重要性。

2008年1月2日，正沉浸在新年喜悦气氛中的乌鲁木齐人民被一场大火震惊了，这场大火整整烧了68个小时，钱金耐多年的心血——德汇广场连同3000多家商户的资产被彻底焚烧一空。价值10多亿元的财产化为乌有，而且瞬间背上了3000多份债务，这对钱金耐而言无疑是一场巨大的打击。

然而在这种打击下，钱金耐仍然将诚信放在了第一位，在2008年1月10日含泪向所有商户做出承诺："哪怕是砸锅卖铁，三年之内我们要100%地赔付各位的损失。"

作为一名商人，遇到灾难后第一时间想到的是他人，而不是自己，第一时间想到的是赔偿而不是重建公司，这是一种难能可贵的诚信。在当今社会中这种诚信已经非常少见，非常可贵了。

从正常角度而言，钱金耐才是最大的受害者，他此刻已经没有能力偿还3000多家商户的损失，在这种情况下许下的诺言也很难让人信服，那么钱金耐是如何体现自己诚信的呢？

当时摆在钱金耐面前的选择有两种，第一种是将其名下的德汇广场投资公司的新疆火车头房地产开发有限公司实施破产，这种做法德汇置业集团只需依法承担有限责任，法院不能追溯其他资产用于赔偿，但德汇广场投资公司的新疆火车头房地产开发有限公司的总资产远远不够赔偿受灾商户的全部损失，受灾商户和产权户所能得到的赔偿，不会超过实际损失额的20%。第二种选择则是钱金耐承担全部责任，开始漫长的还款历程，直至完成对受灾商户和产权户损失的全额赔偿。

面对这两种选择，相信更多人愿意选择第一种，因为第一种选择既可以体现自己为受灾商户做出了实际赔偿，又可以降低自己的未来风险。相信没有人愿意整日背负着7亿多元的债务生存。

那么，此刻我们需要思考这样一个问题：诚信与自身利益两者孰轻孰重，两种选择下未来的发展又会如何？

钱金耐回想起当日的决策，曾这样说过："我十几岁揣着家人凑的300元钱到新疆闯天下，从无到有，我对那些经营户的生活太了解了。如果我不能赔偿这些家庭的全部损失，那么等待他们的则是困顿的生活景象。当年他们相信我才入驻德汇广场，如果我辜负了他们的信任，未来的生活还有什么意义？"

我相信这种最真的诚信绝对是钱金耐得以东山再起的力量源泉。7亿多元的总债务，三年还清，听上去就足以让人胆战心惊。可以说钱金耐随后的三年中举步维艰。但是诚信带给他的不仅仅是债务与压力，还有更多人的支持与帮助。三年当中，钱金耐极为努力，投资改造火车头市场，短时间内让1304家受灾户恢复了生产，同时他得到国家政府与亲朋好友的帮助，拓展了火车头国家二类口岸业务，将库区进行改扩建，将原有的库区改为商铺楼，用以安置所有受灾商户。在这一过程中，钱金耐卖掉了自己的车，抵押了自己的房产，整日东奔西走，力求做所有事都达到最高效率。

2011年9月德汇广场重新开张，钱金耐在这一天终于可以再次挺直腰板长长地舒一口气了。自己的承诺终于兑现完成，诚信带给自己的回报在这一天也得以展现，钱金耐的德汇广场在重建完成后短短几天就完成了全部的招商工作，在德汇广场有三个商铺的夏老板对这一现象的解释为："当初他的承诺，我们都没有抱多大的信心，毕竟他也损失严重，但当赔偿真实地摆在我们面前的时候，我只能说这个人值得信赖。"

信赖一词听起来十分简单，然而真正做到令人信赖却十分困难。无论此刻我们身处哪一位置，他人的信赖是对我们最大的肯定。领导信任我们，则证明我们能力突出，我们信任领导则证明领导诚信有佳。这是一种必然的联系，也是一种发展的重要基础。我们试想，生活、工作过程中，如果我们无法令他人信赖，如果我们无法表现出自己的诚信，那么我们能否发展，能否成长？反之，如果我们可以体现出足够的诚信，我们身边可以聚集多少对自己有帮助的力量，可以拓宽多少发展途径！

另外，诚信不仅要体现在自己的能力范围之内，更要转变为一种性格与坚持。并非只有我们能做到的才去做，而是将自己承诺的一切事情努力做到位，做得更好。正如钱金耐一样，诚信并非当初的一句空话，而是风吹不动、雨打不摇的坚持。这种坚持与个性才是发展的最大保障。如果当日钱金耐选择了破产后的少量赔偿，那么今日的他会背负着无数的愧疚碌碌无为地生活下去。

第二节　诚信是职业发展的基础

诚实守信是中华民族的传统美德。而公务员掌握着国家和政府的行政权力，代表着国家的形象，例行公事，肩负着"治国"的历史使命。诚信就成为考验这一特殊职位的基本指标。诚信乃一种力量，一种根本，一种基础。诚信之人可豁达发展，背信弃义之辈往往会遭人唾弃。

相信很多人可以认同诚信乃成长、发展的需要，但很少有人认为诚信是一种人类前进的基础力量。必然有人会讲，这个社会当中有很多奸猾之辈仍旧可以生存，那么诚信并非是我们前进、发展的根本基础，只是一种外界辅助力量而已。在当今社会中存在这种想法并没有过错，然而当我们将这种想法付诸自己的生活、工作时则是一种错误的选择。我们可以展望或者回顾当今社会中诸多成功人士的过往，从中可以深刻体会到诚信是这些成功者共有的品质，而诚信也是这些人获得成功的重要基础。

以世界著名经济学家李嘉图①为例，李嘉图先生是一位非常著名的诚信人士，而且他的证券交易所正是因为诚信才获得了众人的欣赏，并顺利成为英国著名的证券交易所。

如果我们认为李嘉图先生的诚信来源于他的工作形式，那么我们的认知就太过肤浅了。其实李嘉图先生的成长、发展，直至事业的成功全都是建立在诚信基础之上的。李嘉图曾在回顾自己一生的时候讲过，诚信才是他获得一切的基础力量，是诚信让他拥有了一切。

当我们仍在认为敷衍、圆滑、推脱是我们发展、成长的必备能力时，我们应该思考这些能力与诚信相比，真的可以获得更好、更多的东西吗？诚信真的是我们可以舍弃的品格吗？

李嘉图先生在9岁的时候就认识到了诚信的可贵。当年刚刚9岁的他看中了一家百货商场橱窗内展出的鞋。这双鞋不仅颜色好看而且鞋口还带着皮毛，看上去十分漂亮。

李嘉图第一时间就喜欢上了这双鞋，于是便央求自己的父亲为自己买下这双鞋。父亲见到这双鞋后有些无奈，对李嘉图说："你甚至都没有摸过这双鞋，更没有试穿过，你怎么肯定这双鞋适合你呢？或许这双鞋并没有你想象的那么好。"

然而，李嘉图当时对这双鞋的渴望非常强烈，尽管这些渴望只是来自于小小的好奇心与虚荣心，但是他依旧执着地对父亲说："我确定这双鞋非常适合我，我可以把我其他的鞋送给弟弟妹妹穿，只要你为我买下这双鞋就好。"

---

① 大卫·李嘉图，英国资产阶级古典政治经济学研究的主要代表之一，也是英国资产阶级古典政治经济学研究的完成者。李嘉图早期是交易所的证券经纪人，后受亚当·斯密《国富论》一书的影响，激发了他对经济学研究的兴趣，其研究的领域主要包括货币和价格，对税收问题也有一定的研究。李嘉图的主要经济学代表作是1817年完成的《政治经济学及赋税原理》，书中阐述了他的税收理论。1819年他曾被选为上院议员，极力主张议会改革，支持自由贸易。李嘉图继承并发展了斯密的自由主义经济理论。他认为限制国家的活动范围、减轻税收负担是发展经济的最好办法。

父亲看着李嘉图渴望的眼神并没有继续反驳，而是对他说道："那么，我们需要做一个约定，我为你买下这双鞋后，你必须一直穿着它，直到它变小为止。"

李嘉图非常高兴地答应了父亲的约定。然而当他真的拿到这双鞋时却发现，这其实是一双木鞋，专门作为样品的木鞋。李嘉图穿上它之后不仅十分不舒服，走路还会咔咔作响，甚至看上去有些滑稽，很多时候他穿着木鞋咔咔走路时会遭到别人的嘲笑。

这种情况下，李嘉图十分痛苦，也十分后悔。

我们可以思考，正常思维下，如果我们遇到这些情况会怎样？相信很多人会选择向父母协商或者撒娇，要求换回以前的鞋子。而且大多数父母看到我们低头认错后会经过简单的教育同意我们的要求。

作为一个9岁的孩子，对社会的认知还不充分，做出这样的选择也可以原谅。但是我们有没有想过，李嘉图与父亲之间的约定。这并不是一个玩笑，而是父亲对李嘉图的一种考验，一种教育。

这种在孩子对诚信还没有足够认知时的教育十分可贵，他让李嘉图在诚信的起点认识到了诚信的重要性。

李嘉图在随后的很长一段时间内都穿着这双鞋往返于学校与家之间。无论引起他人怎样的眼光，他依然认定自己需要履行约定，遵守对父亲的承诺。

有一次李嘉图的好朋友对他说道："看着你穿这样一双鞋，我都为你感到痛苦，你为什么不换一双呢？"李嘉图回答道："我已经没有鞋可以换了，因为我把它们都送给弟弟妹妹了。"朋友又讲道："我可以把自己的鞋借给你穿。"李嘉图回答："谢谢你的好意，但是我不能换掉这双鞋，因为这是我与父亲的约定，除非它变小了，否则我一定会穿下去的。"

李嘉图从小养成的这种诚信性格让他在日后的成长、发展过程中受益匪浅。自他创业初期就有很多真诚的朋友聚集到身边，并且全心全意帮助他。正是因为他的诚信品质，他的证券交易所才获得了巨大成功，李嘉图也迅速成为近代著名的经济学家。

回顾今日的社会，我们当中有很多人都无法表现出李嘉图 9 岁之时的诚信。而且很多人认为诚信完全是成年人不需要的东西，当今社会已经进入了尔虞我诈的时代，诚信只会让我们失去更多。

但是我们有没有想过，当我们身边都是不诚信之辈之后，我们还能获得什么呢？领导的空承诺，朋友的虚情假意，这样的环境下我们还能获得成长与发展吗？

诚信是一切发展的基础，无论是工作还是生活，只有用诚信奠定的基础才是最真实、最牢靠的。在现代生活中不断打拼的我们，需要将自己的诚信体现出来，随后我们才能够获得发展的机遇。

1. 待己诚信方能待人诚信

很多人认为对他人诚信就足够了，对自己的要求完全可以放松一些。这种想法之下，我们可以做到真正的诚信吗？

举一个最简单的例子。现代都市青年喜欢早晨赖床，而早晨赖床的结果则是往往失去了用早餐的时间。这种情况下，很多人会选择将早餐带到单位食用。其实很多公司明确规定禁止在岗期间用餐。但是无奈之下我们不得不打破这条规定。

其实，也有很多都市青年会对自己提出早睡早起的要求。然而很少有人可以坚持。这种对自己的不诚信造成的直接后果则是对单位、对他人的不诚信。

我们需要明白，并不是不爽约、不吹牛，大多事说到做到就足够诚信了。只有认真对待生活，认真对待自己，才能够带给他人足够的诚信品质。

因此，想要待人诚信，首先要待己诚信。

2. 事无巨细，"信"字当头

我们无须讲一些"千里之堤，毁于蚁穴"的大道理，只需要从身边的真实经历出发，明白小事诚信的重要性即可。相信很多人会存在这样一种想法：

"人难免会犯错，一些小错误只要及时改正便不会对自己带来影响。"

现在我们回想这样一个问题：我们有没有迟到过？这是我们生活、工作当中十分常见的事情。然而在这件事件背后体现出的品质是什么？依然是诚信。

相信当领导需要培养人才时首先思考的是"培养信得过的人才"，而不是"培养能力最强的人才"。

如果我们仍在抱怨上天不公，命运不济，自己获得的机遇太少，那我们需要思考一下，是否是因为上帝还未曾信得过我们，是否是因为我们还没有准备好呢？当我们把每一件小事尽心尽力做好之后，我们可以获得什么？他人的认同，领导的认可，所有人的信任，而这一切正是我们发展的基础，是诚信带给我们的收获。

诚信是一种强大的理想，它让卑微者退缩，让正直者强大。当我们从基础、从根本认同了这种理想之后，我们才能够有所转变，获得发展。

第三节　诚信是职业发展之力量

孔子曰："人而无信，不知其可也。"一个人如果言而无信，见利忘义，做事敷衍，品格低劣，那么无论他多么努力都不会获得成功。这是当代社会中的一种共识，也是我们熟知的一种现象。

虽然很多人明白做人一定要讲究诚信，然而却很少有人明白诚信可以作为一种强大的发展力量，而且这种力量可以为我们带来强势的发展。

北京有一家百年老店名叫稻香村，想必我们绝大多数人都听说过这一品牌。这家店自 1895 年落户北京，至今百年来长盛不衰，经典传承，靠的并不是独到的产品与服务，而是诚信的品质。稻香村现任董事长毕国才曾说过这样的话："诚信生产，诚信经营，不欺瞒顾客，这是我们的理念；赚钱但不赚昧心钱，卖货但不卖黑心货，这是我们最根本的商业道德。"

很多人都明白这句话的含义，但是很少有人可以深刻感悟其中蕴含的力量。中国食品安全问题一直是我们关注的焦点问题，而且大多数企业视这一问题为企业发展的最大难题。虽然我们正在不断改善现状，但是食品卫生、食品安全方面依然存在诸多隐患。造成这种现状的原因恰恰是中国食品市场诚信品质不足。自国内食品市场发展之初，我们缺乏如同稻香村一般最基本的发展诚信。大多数企业会选择利益第一的发展方式，从而忽略了很多关键问题，最终导致我们的食品市场随着发展出现诸多缺陷与危机。

然而稻香村传承百年来，一直秉持"义先利后"的发展宗旨，将诚信体现到每一个环节，每一位顾客身上。可以说现在稻香村的每一位员工都拥有优良的诚信品质。这才是稻香村最大的发展力量。

稻香村的员工都有一个共同的偶像，这便是稻香村的创始人郭玉生。清光绪二十一年，南京人郭玉生带着祖传手艺来到北京，在前门外的观音寺前打出了"稻香村"的品牌。郭玉生的手艺独特，做出的食品精致考究，口感新鲜，很短时间内稻香村便成为京城第一的南方美食店。

其实，稻香村的美食店并不是单纯依靠郭玉生的手艺，还有精心挑选的材料做支撑。桃仁必选用肉厚、味甜的山西汾阳桃仁、玫瑰花必选瓣厚、味香的京西妙峰山玫瑰、黑芝麻必选江西乐平的……而且品质必须上等。

相信仅仅在选料上我们就可以感受到发展是容不得丝毫敷衍的，任何一种基础力量都会影响到最终的发展。而这恰恰是当今很多人、很多企业忽略的重点。如果我们在这一原则问题上表现出丝毫动摇则证明我们的诚信品质存在问题。

郭玉生是如何做到诚信的呢？有一年春节因大雪封山导致江西的黑芝麻无法及时运达北京，尽管黑芝麻只是"稻香村黑芝麻椒盐酥"中的一款配料，但是郭玉生仍然挂出了"今日无黑芝麻椒盐酥"的告示牌。

有些顾客要求，没有江西的黑芝麻，本地的也一样可以吃，做一些满足我们的需求吧。结果郭玉生讲道："稻香村从不欺人，味道变了、品质就变，品质变了招牌就砸了。不是我不卖，是我卖不了。当初我刚来到北京时向大家承诺做最正宗的南方小吃，因此不能食言。"

宁可不卖也不凑合卖的美名就这样诞生了，郭玉生的诚信也是由此体现出来的。稻香村传承百年最大的财富就是这一品质。无论时代怎样变迁，环境怎样更改，这一诚信品质就是稻香村最大的发展力量。

如今，稻香村已经扩展到了全国各地，"稻香村人"也在不断增多。我们可以看到这样一种现状，稻香村的品牌到哪里，诚信的品质就一定会传播到哪里。每一位稻香村的员工，只要对顾客做出了承诺就一定会做到。以北京稻香村一家分店发生的小故事为例，有一次一位顾客在稻香村店内预订糕点。由于工作繁忙服务人员未能清点出糕点材料的剩余量，结果导致这位顾客预订的糕点在重量上出现了小偏差。当时已经到了下班时间，而第二天早晨顾客会来取糕点。这种情况下，全店所有工作人员自觉加班外出购买材料后将糕点补做齐全。这些大家不知道的小故事中体现了所有稻香村人的诚信。而这些诚信带来的结果则是顾客对稻香村的信任与放心。

试问当下有多少人可以做到如此的诚信？相信少之又少。因为很多人认为，只要自己尽力做了，目标接近了，就等于兑现了承诺。的确，当我们用心尽力而为之后，即便离目标仍存在一定距离，也不会受到太多的责怪。然而这种结果并不能体现出诚信，而且这种结果会阻碍我们的成长与发展。

首先，努力了不等于诚信了。如今很多人对待工作、生活的态度存在问题。努力却不尽心尽责，其实当我们保持一颗责任心时我们的效率会有很大提升，然而当我们保持努力做，是否能做完无所谓的心态时，我们的效率、效果都会受到很大影响。从而影响到我们的诚信。

其次，发展过程中我们需要一种敢做敢当，说到做到并做好的态度。任何人在发展过程中都需要以这种态度为基础，这同样是确保我们发展迅速的重要保障。

迫切追求发展绝不是增加我们对结果的渴望，而是在过程中严格约束自己，严格规范自己，确保我们的每一件事体现出诚信的品格，让我们的事业成为诚信的直接展现。而这一切获得的结果恰恰是实现我们的愿望。

最后，诚信还要融入我们的发展方向之中。我们最终的目的是成为诚信之人。因为我们可以看到当今的成功者必定要有诚信的品质，而且诚信的企业必然获得众人的欢迎。所以，诚信不是作为，不是形式，而是一种不变的追求，只有将诚信变为追求，我们的发展才会更具力量。

良好的道德品质是我们的职业操守，更是我们成长、成功的支柱、保障。当我们将诚信融入生活、生命之后，我们会发现自己最真的追求、最佳的途径以及最完美的生活。

"常道"二：忠诚是职业晋升之要

第一节　忠诚是职业发展的前提

忠诚，是任何人在行为上和态度上对国家、对人民、对事业、对组织等真心诚意，没有二心的表现。分析一个人是否对组织忠诚，则看其是否忠诚于组织文化与政策；是否对组织怀有深厚的感情；是否具有良好的责任心与使命感；是否将组织的利益放在第一位。

而当今组织中，许多人缺乏对组织的忠诚，致使组织陷入人才流失、无法提高工作效率的被动局面，甚至影响到组织的改革与发展。

一、缺乏职业忠诚的表现

1. 随意"跳槽"

一般来说，待遇低、工作环境差、工作不舒心是导致许多人"跳槽"的主要诱因。当个人的劳动付出与回报不相符或者自认为自身价值未被体现时，人们便会产生失落感，产生"跳槽"的想法。

2. 缺乏责任心

有人用"做一天和尚撞一天钟"来形容国企工作人员，认为这是缺乏责任心的表现。许多人上班迟到、早退、旷工已成为习惯，做事散漫、消极怠工，俨然一副"事不关己高高挂起"的态度。

诚然，组织之间的竞争是优秀人才的竞争，如果组织丧失优秀人才，缺乏忠诚于组织的人才，势必会削弱组织的竞争力。因此，组织的创新发展离不开人才的忠诚，忠诚度离不开工作人员的忠诚意识。

《中国教育报》上曾刊登过一篇文章，题目是"今天，我们还要不要职业忠诚"，它引用《说文解字》上对"忠"字的解释及美国著名管理学家弗雷德里克·莱希·赫尔德在《忠诚的价值——增长、利润与持久价值背后的力量》一书中的阐述让我们明白，在人的生命中，如果智慧和努力像金子一样珍贵的话，那么还有一种东西更珍贵，那就是忠诚。

书中对工作忠诚价值的阐释，给我们道出了职业忠诚的本质，那就是：对事业的献身精神和忠诚意识；对工作有强大的责任心和使命感；一种乐观的工作态度和工作作风；一种精益求精的职业品质和永不言败的精神。

读完此文，笔者感慨颇深，忠诚是每个人最基本的职业要求，也是衡量一个人职业道德的前提和基础。真正的忠诚，不仅是能够忠于工作，更是能够忠于自己。

从我们开始工作的那一天，我们的命运就与工作息息相关，组织的兴衰成败也就关系着个人的兴衰成败。这就要求我们在工作中，时刻维护组织的利益，将组织利益放在首位，这是忠于工作的基本要求。每个人在工作中，正处于发展阶段，需要在工作中不断积累经验、提升自我，掌握更多的工作技能，为了组织不断发展而努力拼搏。

为了组织以及个人的发展，我们必须忠于工作。

二、如何培养职业忠诚

1. 要具备主人翁意识

无论从事何种职业，首先都要具备"组织兴我荣，组织衰我耻"的思想，把工作看作自己生命的一部分，把组织当作自己的家。组织是"大"家，家庭是"小"家，只有"大"家和谐，"小"家才会温暖。

我们每一个人都有忠于家庭、保护家庭的责任。应该为这两个责任做出自己最大的贡献。当一个人具备了主人翁意识，才会有强烈的责任心和使命感。否则，这个人将是一个缺乏责任心、缺乏上进心且不受他人喜爱的人。也正因为人们具备主人翁意识，才会使组织的明天更加繁荣昌盛，组织才能在市场中立于不败之地。

可是，在实际工作中，许多人的主人翁意识不强，甚至有些人没有主人翁意识，把工作看作换取薪水的工具。终日"做一天和尚撞一天钟"，工作缺乏热情，只要薪水不算最差，往往不会去思考如何改善自己的工作模式，更加不会培养自己的创新能力，这样的工作态度也决定了他们不会关注公司的发展。

其实上，聪明的人，只要稍加思考就会知道，组织的发展和个人的命运是紧密联系在一起的，特别是在竞争激烈的今天，这种联系更加紧密了，没有"大"家，怎会有"小"家。

职场犹如战场。身在职场中的每个人，也应该把忠诚作为一种职场生存方式。所以，作为组织的一员，无论你在何种职位，都必须正本清源，真心诚意，从心灵深处自觉、自主地培养起忠诚的意识和敬业的精神，端正工作态度，真正将自己的前途命运和组织的前途命运紧密联系起来。

以主人翁的姿态投身于组织的建设当中。从这个角度来考虑，工作的最终目的是为了自己，而非为组织。毕竟最终受益的还是自己。

2. 选择了它，就要热爱它

许多人在工作时都会产生这样的想法：最差的工作就是现在的工作，认为自己的工作不如他人的工作福利待遇好。于是，消极情绪占据上风，工作丝毫没有激情。

殊不知，既然选择了一份工作，就应热爱它。

热爱工作，首先从改变态度开始。没有不好的工作，只有不好的态度，无论在什么类型的工作岗位上，都一样可以做出傲人的业绩。

做任何工作，都要赋予百分之百的热爱。例如，一名教师对工作的态度，对学生的热爱程度，教学水平和质量的好坏高低，很难用一个精确量化的考核指标去衡量，这是教师这一职业的特点。但也正是这一特点，使得很多老师仅将教书当作获取报酬的方式，从而机械地工作，丧失了工作热情。

然而，作为一名优秀的老师，首先是要热爱自己的职业，只有拥有一颗对工作的无限热爱之心，才能忠实地履行自己的职业职责，才会有强烈的职业责任感。

人们常说，教师这个职业是神圣的，是人类灵魂的工程师，很多教师对这一说法不以为然，对自己职业的否定体现了这一部分教师工作热情的缺失。

其实，我们每一位教师没有理由不去热爱自己的工作。教师的工作会经历很多重复的事情，但实际上每一次重复都是一次创新，能让教师掌握足够的工作技巧与经验。

其次，从教师每天所面对的对象来看，他们是祖国未来的寄托，从长远来看，他们的健康成长也将直接影响到我国社会前进的步伐。他们身上凝聚着每一个家长的希望，国家发展需要他们这一代人去开拓。

所以，对于教师而言，热爱本职工作，做好本职工作，责无旁贷。

3. 努力加强自身建设

每一个人需将道德注入工作之中，全力以赴将工作做好。俗话说："打铁先须自身硬。"工作人员必须树立正确的权力观、地位观和利益观，做到工作上清醒坚定，思想上光明磊落，成为一位有良好职业修养的人。

这就要求人们从以下两个方面入手。

首先，提高工作技能。每个人必须具备较强的业务能力和较高的知识道德水平。努力提高业务素质为组织创造无限价值。

因此，我们需要多学习，在理论学习上下功夫，为自己不断开发创新能力打好基础；多做总结，利用业余时间将工作中出现的问题以及解决方法总结出来，便于下次出问题时，一目了然地去寻找解决方法；在工作流程、办事规则上多用心，熟悉各项业务工作的运转流程和规则。

而在学习过程中最重要的是加强竞争学习。学习竞争是一种边学习、边竞争的发展战略，通过竞争把实践上升到理论的高度，再把理论应用到竞争实践中去。这是通过类比思维从战争中学习竞争的思想转化来的。

众所周知，战争中的任何时刻都是人类智慧的较量，任何细小的变化都能导致战争由胜而败。许多战争之所以能够取得胜利，在于他们懂得在战争中不断学习，在性命竞争赛中不断开发智慧，想出绝妙的方法。

这也深刻地告诉我们，工作没有固定的模式，选择最适合的方法，才是最具操作性的决策，才是最好的决策。因此，组织的发展在客观上也要求我们在竞争中学习竞争。这样我们的组织才能提高竞争力，才能立于不败之地，才能走上强劲的发展之路。

其次，加强集体观念和纪律观念的培育。每个人必须树立纪律观念和集体观念，增强全局意识和服务意识。

这就要求人们必须做到：所做的一切工作围绕着组织的中心工作，一切以组织利益为主，全力以赴完成所有工作。当个人利益与组织利益发生冲突时，个人要为组织让路。时刻将工作放在首位。当组织安排集体活动时，所有工作人员必须无条件地参加，严格遵守纪律。

诚然，忠诚是衡量一个人是否具有良好职业道德的前提和基础。工作中，取得成功的重要因素已不再局限于个人能力范畴，更在于一个人是否忠于工作。忠诚能够为日后受到赏识打基础。

如今，人生最有意义的就是忠诚地工作，而忠诚不仅仅是美德，更是维持组织不断发展的重要条件。我们需将忠诚看作人生的一项追求，热爱工作，热爱生活。

忠诚的人，能够为组织尽心竭力，赤诚无私。

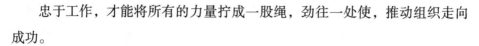

忠于工作，才能将所有的力量拧成一股绳，劲往一处使，推动组织走向成功。

忠诚，是职业发展的前提。

第二节　忠诚是职业发展的根基

在知识经济时代，我们都明白人才就是资源，可贵的人才是一切团体发展的基本。那么，我们现在思考一个问题，此刻的我们能否称得上是公司、企业的人才？我们是否已经被重用，在企业、公司内起到至关重要的作用了吗？

有些人未能成为人才是因为自己不够成熟，能力还有待提升，而有些能力到位的人却依然无法找到合适的位置，这时我们就需要重新审视自己的其他问题了。我们没有得到重用是否因为领导不够信任我们，领导在人格、品质上不够认可我们。

无论个人还是企业，想要发展都需要两种重要的基础，第一个是能力，第二个则是道德品质。能力是我们获利的方式，而道德品质则是我们生存的根本。在这里我们需要提到一个关键性的词语——忠诚。员工对事业忠诚、企业对员工忠诚，两者互相促进、互相提升，才能够得到最大化的发展。

其实忠诚在当今社会发展中是一个常用词。提起忠诚，我想首先是基于职业的，其次才是基于合约之上的。忠诚一般体现在工作积极性、主动性和责任感上。我们的忠诚与效力于哪些公司、企业无关，而是与我们和单位、企业之间的紧密程度有密切关系。我们长期效力于一个团队、一个组织，和我们为这一组织的奉献与回报有着直接的关系。

就当前社会现状而言，忠诚一词在目前大多数国内企业当中其概念是相对模糊的，我们很难衡量出员工与企业、公司之间是否保持着足够的忠诚。因为忠诚是一个长久性的问题，或者当现阶段内企业发展状况良好，员工收入颇丰，于是所有人都表现出了积极性，这是一种相互忠诚的表现，但是当企业发展受挫之后，员工回报受到了影响，这时忠诚也会发生变化。曾经"忠诚"的员工纷纷选择"跳槽"、辞职，这时忠诚似乎变得不再重要，生存才是最大的问题。

所以说，目前国内市场上大多数人不仅对忠诚的概念理解模糊，而且不够重视。那么，忽视忠诚之后的我们带来的市场现状是什么呢？缺乏可靠人才、大多数企业发展速度达不到理想水平。这一现象我们可以从以下三点现状中感受到。

首先，无论我们身处哪一职位，我们不会因为自己的工作而感到骄傲，甚至不会因为自己的工作业绩不足感到耻辱。

其次，大多数人在履行双方签订合同之内的义务，而很少有人将这种义务当作责任。

最后，很多人无法经受考验与磨难，在双方合作出现变动之时，大多数人会选择另谋他就。

这些现象彻底说明了当前中国市场发展速度无法理想化的主要原因。不知大家有没有想过这样一个问题：其实我们与企业之间并非简单的契约关系，而是一种忠诚关系。所有人的发展、成功仅依靠企业、公司的带动是远远不够的，当我们与企业、公司荣辱与共、风雨同舟之后，我们才能够更快地实现自己的目标，达成自己的愿望。

目前很多大型企业都为员工开设了"忠诚度培训"课程，甚至有的企业将"誓与公司共存亡"当作发展口号。然而这种自欺欺人的行为并没有收到良好的效果，员工的忠诚度仍旧停留在表面，内心当中仍然保持着与企业的契约关系。面对这种情况，我们需要思考：如何才能够更快地提升自己，如何才能令自己获得发展，这一切与忠诚是否存在必然联系。

首先，忠诚并不是我们对合约的奴性，而是我们对自我的激励。相信很多人会存在这样的想法，我们与企业的合约关系约束着我们在固定时间内完成定量的工作，获取相应的报酬。很少有人会认为，我们与企业的合约关系标志着企业给了我们一种选择、一条途径，只要努力就可以获得共同的成功。

两种不同的思想体现着两种不同的方式，决定着两种不同的结果。其实很多人并非缺乏发展机遇，而是缺乏这种思想基础。我们能够获得成功大多取决于我们平时是否做好了工作中的每一件事，而不是我们是否按照约定完成了工作。

当我们认定工作是履行一种义务之时，就彻底将自己放在了被动的位置。丧失了主动性的我们只能依靠合同的约束慢步前行，很难获得有效的发展。

其次，忠诚是美好生活的最好出发点。其实，对企业忠诚也是对自己忠诚的一种方式。我们要明白，工作只是追求美好生活的主要工具，而不是生活的附属品。他人的鼓励远远比不上自己的觉悟，当我们激发了自己的主动性之后，绝对胜过公司、企业对我们的约束、激励以及惩罚。

通常情况下，获得良好发展的人往往拥有良好的生活态度，其次才是足够的工作能力。而只拥有能力却没有正确态度的人会不断"跳槽"，不断寻找，不断选择，最终很可能一事无成。道理非常简单，因为工作是一种相互的关系，我们选择工作的同时工作也在选择我们，当我们表现出太多不忠诚之后，工作则会开始放弃我们，这时我们再寻找其他起点则会十分困难，遇到的磨难则会大幅度增加。

德国有一句著名的谚语："一两重的真诚，其值等于一吨重的聪明。"这句话已经流传了千百年，至今仍可以在德国的各种大型企业中见到。

其实忠诚并非单纯对他人的付出，也是一种对自己的负责。忠诚的人可以汇聚更多的发展理想，可以获得更多发展机遇，可以更快地收获自己的梦想。想要发展，就一定要懂得忠诚，也只有忠诚之后，我们才能够有所发展。

第三节 忠诚是职业晋升之要

忠诚于自己的职业，忠诚于职业发展和职业晋升很重要。当一个人不断地提升自己的职业素养和技巧、胜任目前和将要承担的工作职责时，对于组织来说，这已经远远超出简单的忠诚。

俗话说："成绩靠才能，升职靠忠诚。"只有忠诚于组织、事业的员工，才会给组织带来前所未有的发展。从长远角度来看，个人利益与组织利益息息相关，忠诚的人才会受到组织的青睐，才会得到晋升的机会。

而现在组织中不乏一些工作人员，在工作中不愿意积极思考，得过且过，满足于现状。不会提出对组织发展有利的建设性意见；也有部分工作人员忽视组织的各项制度，终日散漫，浑浑噩噩；更有甚者随意毁坏组织形象，甚至盗用组织名义做不良的事情；挑拨同事关系，"跳槽"等。这些都是缺乏职业忠诚的表现。

如果一个人不遏制这些行为，一味放纵自己，不仅得不到晋升的机会，严重者则会面临被组织辞退的局面。每个人必须从内心端正自己的态度，提高自己的忠诚意识，让自己得到良性发展。

1. 对组织表达自己的真诚

组织总是青睐忠诚、讲义气、重感情的员工。如果每个人都能够以行动打动组织，则很容易受到组织的赞许。

如果我们能够长久地为组织付出自己的力量，熟练掌握组织整体运作模式，则容易成为组织的得力助手。这就要求我们不要心生随意"跳槽"的想法，尽忠职守，做好本职工作。无论从事什么工作，都要始终保持乐观、积极的心态，无怨无悔为组织付出。对于本职工作，应做事积极主动，善于表现自己。对于工作以外的事，也要常挂心间，以组织利益为重，时刻为组织发展着想，表达自己的忠诚度。

如果有人抱怨工作无发展、无出头之日。殊不知，即使是一个满腹经纶的人，如果不懂得推销自己，自己的才华也不会被他人发现。工作中，不要指望组织发现自己的优势，而要主动表现自己的优势，我们不能只等着老板给我们分派工作，而是要积极主动地去做事，让所有人看到自己的能力。

如果我们能够为组织排忧解难，就能很好地表现自己，当组织遭遇发展"瓶颈"，工作运转停滞不前时，应坚持"组织蓬勃发展时，我有幸加入；组织面临冲击时，我不愿退出"的原则。如果我们能够做到与组织荣辱与共，大显身手帮助组织渡过难关，则必然会得到组织的器重，因为组织的所有人员都会从我们的行动中看到我们的工作能力以及忠诚。

用行动表明我们的忠诚，切忌不要用空话来表达自己的忠诚。许多人善于"拍马屁"，对同事以及领导十分恭维，如果把握不好"拍马屁"的度，则容易引起对方的反感。因此，适时向组织表达自己的忠诚，是很有必要的，因为只有这样，才容易让自己走进对方的眼里，得到更多重用，乃至晋升的机会。

2. 将工作做到最好

如果一个士兵的忠诚是表现在为国家利益鞠躬尽瘁，死而后已，那么员工的忠诚，则是为组织利益竭尽所能。两者均能做到无私奉献，不负自己身上所担当的责任。

所以，我们应该努力完成自己的本职工作，提高自己的工作效率，为组织发展尽职尽责。将工作做到最好，需要从以下几个方面做起：

首先，无论从事何种职业，都应该紧跟组织的发展，不断提升自己的工作能力，了解组织的发展和变化对自己的影响；努力寻找方法，让自己快速适应组织发展，让自己时刻跟得上组织发展的步伐，甚至走在组织的前面，这就需要我们多思考，熟练掌握组织发展状况，做到事先察觉组织的发展战略，并且不断提升自己的能力，不仅能够做好手头上的工作，还能胜任其他工作。无论做什么，都要将工作做好、做到位，善始善终，兢兢业业。

其次，重视过程与结果。现在许多组织更加看重工作的结果，因此，我们更要具备这种意识。工作中时刻以"抓安全、保质量、提进度、塑忠诚"为基准，不断激励自己做到重视结果。通过结果可以反映出组织的综合能力，同样，通过结果可以衡量员工是否具有胜任本职工作的能力。因此，我们必须重视结果和过程，这样才能保证自己做任何事都能公平对待，仔细认真。

最后，时刻让自己保持乐观、自信的状态。做事最重要的就是态度，工作中，时刻保持一种积极、自信的状态，能够帮助自己克服一切障碍，解决问题，让自己以最佳的状态投入到工作中去。让同部门的同事，乃至其他部门的工作人员均能看到自己精神饱满、热爱工作的一面。只有乐观、自信的人，才能成为组织最有用、最不可或缺的人才，才有机会得到组织的赏识。

总之，忠诚源于内心，更体现在行动上。忠诚不是一味地阿谀奉承，真正的忠诚不仅要经受关键时刻的考验，更体现在平时切实的行动上，最明显的表现就是敬业、奉献，任何时候都不能懈怠自己的工作。对工作的忠诚，要实现良心化、道德化、努力化，我们要全力以赴而踏实地为组织的伟大的发展贡献自己的力量。

如果你想在工作中快速成才，请记住：晋升之要，唯有忠诚。

"常道"三：服从是职业之器

第一节 服从是职业发展的必要条件

服从，即当个人受到他人或者规范的压力时，无条件发生符合他人或规范要求的行为。

企业组织管理建设，即上下级之间的沟通，组织管理，即服从与被服从的有效结合。每个员工只有坚决服从，才能完成工作计划。

服从是尊重共同组织管理的第一要素。只有良策没有服从，任何良策都是空话；只有制度没有服从，任何法律都是空文。

服从是职业发展的必要条件，是建立企业内生活正常秩序，保证全企业意志统一和行动一致的根本原则，这就要求每一个人必须服从企业组织管理。

美国著名的西点军校提出了这样一个观点：只有具有服从品质的人，才会在接受命令之后，充分发挥自己的主观能动性，想尽一切方法完成任务。

除了美国军、政两界，越来越多的西点毕业生开始在美国商界崭露头角，如美国在线前首席执行官詹姆斯·金姆塞、Compass集团总裁约翰·克里斯劳、美林在线投资部主管克里斯蒂娜·尤哈兹等，他们都一致肯定，在西点军校培训的经历是他们担任商界领导的必要条件。而坚决服从命令，是他们能够顺利毕业的重要因素。

随着生产力的发展，社会分工越来越细致，生产劳动越来越离不开所有人的共同努力，一家企业如果没有一个领导来指挥，则犹如一盘散沙。领导要指挥员工，则离不开规章制度。但如果人们的服从意识很差，领导的作用则无法体现。因此，不仅是西点军校，每一个人都离不开服从意识。

小时候，听过这样一个故事：

一位心地善良的胖员外来到观音庙祭拜说："大慈大悲的观世音菩萨，希望您保佑所有的百姓都能平安地过上好日子吧。"

不料，佛像居然奇迹般地显灵了，菩萨对他说："你如此肥胖，如果所有人都过上好日子了，谁来为你抬轿，谁来为你服务？"

的确，工作中，有上级的存在，就有下级的服务，有领导，就有员工。如果人人都当领导，谁当下属？如果人人都想统领指挥他人，谁来服从，谁来执行？

如果一个人太渴望当领导，行使权力，其结果是处处只为自己的利益考虑，难以维持良好的人际关系，更难以树立威信，不会得到任何人的支持。

因此，既然身为员工，就可以明确树立服务意识。人人树立服务意识，社会才能够存在，分工合作才能够平衡。

工作中如果一个人对于权力欲望过强，势必会给企业造成极大的危害。致使企业内部纷争不断，无法团结，谈何工作？又怎么会为企业创造更多的利益，怎么会让企业立于不败之地？更有甚者，会使企业面临被淘汰的险境。

许多人缺乏服务意识，认为服务意识是奴性的表现。

什么是奴性？奴性，即奴隶之性，也就是甘心受奴役的品性。一切看主子脸色行事，缺乏自主意识，心甘情愿地做驯服工具。实际上，服从意识与奴性无关，服从意识是对企业的爱，是种发自内心的社会性！而奴性只是权力崇拜的缩影，本质大不相同。

服从并非奴性，服从并非我们对企业的依赖，也并非个人对领导的服从，

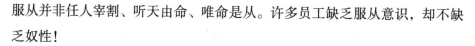

服从并非任人宰割、听天由命、唯命是从。许多员工缺乏服从意识，却不缺乏奴性！

其实，服从是一种美德，只是许多人误解了，对"服从"两字很不服气，以为"服从"有损其尊严，有损个性。张扬个性没有错，服从应该服从的，同样没有错，反而更能体现一个人的素质与品德。

服从往往意味着牺牲和奉献。服从领导命令，即服从整体命令，为企业创造更多的价值，当企业的利益满足后，才有个人的利益。因此，从这个角度来看，服从并不是单纯的奉献，而是实现个人利益的另一种途径。

1. 服从，是我们取得成就的必要条件

越来越多的企业要求员工参加培训，要求员工能够认同企业的经营理念与价值观，要求员工能够尽职尽责地工作。

然而，许多员工并不遵循这些规章制度，对于企业组织的培训更加不会放在眼里，他们认为这是浪费时间和精力，对日后的工作根本没有任何帮助。殊不知，我们在工作中应时刻保持谦卑的态度，放低自己的身段，从零开始，让自己真正融入企业之中，服从企业，服从领导的指挥。当我们具备了服从意识，才能够更加有激情地工作，不断挖掘自己的潜力，帮助自己创造更佳的业绩。

2. 服从，是我们赢得领导赏识的最佳方法

工作中，有许多人每天郁郁寡欢，认为自己无用武之地，得不到领导的赏识。可是，他们忘记了"是金子总会发光"的道理。

想要赢得领导的赞许，首先扪心自问，你是否及时完成了领导安排的任务，你是否做到了服从？

众所周知，服从是军人的天职。企业犹如军队一样，而领导好比是"帅"，我们就好比是"兵"，只有"兵"服从"帅"才能打胜仗；只有我们服从领导的安排，企业才会有执行力，才能得到发展。我们为企业创造了业绩，老板自会看在眼里，记在心里，何必害怕得不到赏识呢？

美国著名企业家艾默尔曾说过:"企业里如果思想不统一,每个人都有自己的想法,这就像很多马拉的马车,没有统一的指挥,每匹马都有自己的方向,所以,需要一个赶车人来统一群马的方向,群马也要服从指挥,马车才能前进。"

从这句话我们可以看出,我们心甘情愿为组织服务,才能够在工作中走得更长远,收获得更多。如果不服从领导的指挥,则减少了升职、加薪的机会;缺乏服从意识的员工,工作毫无激情可言,一味对领导的命令"讨价还价"。久而久之,只会令领导厌恶,甚至面临被辞退的可能。

3. 服从,为自己创造公平环境

我们都希望获得公平的待遇,但是公平的环境并不是上天赐予的,而是需要大家一起去营造和维持的。无论是生活还是工作,都没有绝对的自由,我们要自由首先就要受限制。无论你是谁,都无法脱离限制。

正如国家没有法律的限制,则会混乱不堪,企业缺乏了限制,则无法得到发展。

所以,明白了限制的道理,我们就容易明白服从的意义。我们具备服从意识,才能够使企业更加和谐,才能使我们的工作环境更加安定。

要成为一个优秀的工作者必须要有很强的服从意识及行为,一旦制定了规章制度及规范要求,首先自己要服从制度及规范;一旦制定好经营措施,首先自己要带头执行,这样才能真正地把理论用到实践中,帮助公共组织实现管理的目的。

第二节　服从是职业发展的核心要素

无论我们的工作目标是获取基本的薪水还是实现更高的梦想,我们实现

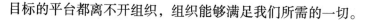

目标的平台都离不开组织,组织能够满足我们所需的一切。

可以说组织是我们每一个人事业发展的平台。那么,我们就要善待组织。这就要求我们从服从组织命令做起。

每个人都渴望到更加优秀的组织中去工作,但是缺乏服从力的人是无法受到组织青睐的,我们想要长期在组织生存下去,要时刻将服从命令放在首位。

当然,你可能会说如果组织的指示是错误的,那我也要服从吗?

如果对指示无法理解,当时可以沟通,沟通时虽有民主,但执行只有集中!无论沟通的结果怎样,最终都要无条件地执行。因为权力也是责任,上级的授权是上级的责任,你没有执行上级命令而另辟蹊径,那就是自己给自己授权,必须要同时想到自己授权要承担的责任。如果你担不起这份责任,那就把权还给上级,无条件执行!马谡失街亭而失首级,也是因为不服从最终不得不承担自我授权的责任。

那么,如何做到正确服从,进而维持组织发展,实现个人需求呢?

1. 服从要做到保留个人意见

个人必须服从领导的命令。这是因为,我们是组织的一分子,只有个人服从组织,组织才能形成统一的整体。如果我们不服从领导的指挥,不执行领导的决定,各行其是,组织则会丧失竞争力。

一般来说,领导的意见反映和集中了大多数员工的要求和意见,是站在为组织发展的角度上做出的决策。因此,服从领导的意见,保留个人的意见,不仅是尊重领导也是尊重组织的表现。

在领导安排任务时,我们要果断回答:"好的,我一定将事情在最短的时间内做好。"或者回答:"是的,我一定能做到。"

在接受命令时,时刻告诫自己:"我的任务是帮助组织更好地发展,我要遵守组织纪律、虚心听从领导的安排,领导之所以能够成为领导,一定有他的过人之处。"通过自我暗示,让自己很好地接受领导安排的任务,而非随意反驳。

我们做到服从，也要在符合道德、合法的基础上去执行任务。

2. 服从，要做到立即行动

各行业中首屈一指的成功人士都有一个共同的优点——坚决服从，立即行动。这种能力会取代智力、才能和社交能力，来决定一个人的工资范围和晋升速度。

想要做到立即行动，就要在工作中不断养成良好的习惯。

首先，时刻告诉自己，现在就是行动的最佳时机。如果一个人一味地等待万事俱备时再行动，那么他可能永远都不会行动。俗话说得好："计划赶不上变化。"没有人能够预测未来会发生什么事情，不知道未来是否有机会能让自己行动。把握今日等于拥有两倍的明日。所以，必须今日事今日毕，最好的行动是在当下。

其次，杜绝拖延。每天做到不迟到、不早退，从小事做起，从一点一滴做起。把时间看作生命，把浪费时间视为无耻的事情，时刻督促自己在最短的时间内，一次做好该做的事。

3. 服从，要做到少数服从多数

领导在讨论决定问题时，由于每位员工了解的情况不同，考虑问题的角度也不尽相同，大家的建议就会不一致。

在这种情况下，如果自己与同事的意见不一致，在说出自己观点的基础上，要做到自己服从其他同事、领导的建议，坚持少数服从多数的原则，培养良好的合作精神以及服从意识。

实际上，在任何组织内部，少数与多数的客观存在，是一种普遍的社会现象。

如果觉得自己的意见真的有效，不妨在会议结束后，单独找领导谈话，将自己的观点，详细表达出来，谈话过程中，需不卑不亢，不唯唯诺诺。

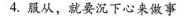

4. 服从，就要沉下心来做事

许多人在苦恼：为什么我总是做不好工作，我的状态感觉很混乱，遇到事情不知所措，为什么我做不到专注？

答案：没有沉下心来做事、服从命令。

做好工作，首先要从沉下心开始。而沉下心来的一个重要特征，即服从上级的指示，踏实工作，不胡思乱想。

无论做什么事情，都带有一股钻劲，时刻保持将工作做好、做细、做精的态度，无论大事小事，哪怕从最基层的工作做起。专注做好每一件事情，体会工作中的乐趣，体会服从的含义。把每一件事情做好了，即浑浊的水澄澈透明时，自己就会发现，原来混乱的状态变清晰了，工作起来就会更加自信，更加富有热情了。

5. 个人利益服从整体利益

组织是一个大家庭，养育了所有组织成员，维护组织利益，是每一位成员的职责，没有组织的利益，何来个人利益？因此，每一个人必须与组织在思想上、行动上保持一致。这就要求我们无条件地培养"小我"服从"大我"，个人利益服从集体利益的精神。

当个人利益和集体利益发生矛盾时，自觉牺牲个人利益，服从集体利益。

一滴水只有放入大海才能永不干涸，我们每个人都要把自己这"沧海"中的"一滴水"汇入到组织这个"大海"中去，以求得更快的进步，为组织发展做贡献，则要从服从开始。

机会只垂青有准备的头脑、有服从力的员工，如果你要想提升自身的价值，服从是一条再好不过的途径。服从是职业发展的核心要素。

第三节　服从是职业之器

2014 年 4 月 16 日，韩国发生了一件骇人听闻的轮船沉没事件，一艘载有 459 人的"世越（SEWOL）号"客轮在韩国西南海域发生浸水事故而下沉。船上有 325 名中学生，15 名教师，30 名船务人员，以及 89 名其他乘客。

失踪乘客家属乃至韩国民众被一个残酷现实所触动：韩国人的"服从文化"已根深蒂固，绝对地服从真的正确吗？

在危险、慌乱之中，那艘轮船上的 300 多名学生中大多数人仍然按照广播的指令留在船上待救，只有少数没有听从命令的学生逃离船舱并获救，其余人最终与客船一同沉入海底。

许多人感叹，当时救援船只多次鸣笛示意船上人员跳海求救，但奇怪的是，无人跳下。

这起沉船事件引发了一个国家关于"服从文化"的教育方式的审视。许多人百思不得其解，为什么"服从命令"居然能成为丧失性命的凶器。

诚然，"服从命令"所带来的悲剧，也应当引发我们每一个人的反思，因为中、韩两国都尊崇儒家文化，服从文化在我们的现实生活中也有着深厚的生存土壤。

我国强调对尊长的服从，信仰对祖先的崇拜，否则即为"大逆不道"、"数典忘祖"。作为儒家文化发源地的中国，"服从文化"更盛，"三从四德"和"三纲五常"更是将这种服从文化发展到了极致。

时至今日，无论是家庭还是公共组织，我们对长辈、上级仍一味坚持"绝对服从"这项原则，"服从文化"俨然已成功植入每一个人的脑海之中。

实际上，每个人不得不深思，我们究竟是在服从还是盲从？

尤其是在工作中,"服从"与"盲从"虽一字之差,意义却大相径庭。

服从是无条件地执行,不找任何借口,快速认真地依从上级指令完成任务;盲从是对于上级的指示、决定,在不理解其意图的情况下一味附和、完全听从、一律执行的盲目行为。

诚然,服从是对工作的尊重。而管理的实质,就是被管理者的无条件听命,管理的权威也是以服从为前提。无条件服从工作,就是尊重工作。

服从是一种责任,要求每个人以服从作为工作的行为准则,时刻服从工作的安排和调动,认真履行自己的职责,绝对没有任何借口,保证完成每项任务。

服从是一种自我约束。只有自我约束,才能改正行为散漫、做事拖延的恶习。纪律是对人们行为的一种约束,是确保做事正确、行为有效、执行到位的利器。

实际上,服从不等于盲从。人们可以在服从的基础上,带有自己的主见,我们依然有分析的机会。分析命令或规范是否有利于工作,是否有违道德,是否危害国家利益,服从不盲从。

实际工作当中,许多人原本活跃的大脑在盲从中遭到了束缚,缺乏积极的探索和创新能力,把盲从看作理所当然。这致使许多人机械地工作着并形成自己的工作习惯和固有思考模式。殊不知这样对个人和组织发展都非常不利。

从微观方面来说,盲从会让个人丧失个性、积极性、创造力,成为愚昧、缺乏独立人格与判断的庸人;从宏观方面来说,当一个国家的国民一味盲从,缺乏最基本的理性判断、独立个性时,无疑会影响这个国家的整体发展。

此外,我们经常可见掌握一定职权的工作人员,在"倒台"之前可谓风生水起,纵横捭阖。为什么工作中会形成这样的不正之风,原因在于有一群失去了正义和公德心的助纣为虐的庸人在不停地盲从,投其所好。

现在,我们应时刻谨记韩国沉船事件的教训,做到服从但不盲从。我们在工作中要有不盲从权威，不轻信教条，不追逐流俗的勇气和能力，做到遵循规则但不墨守成规，服从但不盲从。那么，工作中如何才能做到服从但不盲从呢？

1. 不一味顺从

对上级下达的指令，每个人必须要认真贯彻执行。但是，在服从的基础上应有分辨是非的能力，要有自己的思想和主见。不能像墙头的草随风倒，受"权威肯定对"思想的摆布，不能盲信权威。

无论权威的名头有多大，违背企业利益的事情坚决不做；无论权威说得多动听，只要不能切实解决问题，就要做到坚决不理会；无论工作任务多么紧迫，只要是违背法规的事情坚决不做。

因为"盲从"会影响、制约一个人的创造性思维，不利于人们在工作中推陈出新，必须设法加以改变。

2. 辨别是非

俗话说得好："人非圣贤，孰能无过。"工作中也不例外，也存在错误的指令，我们要具有辨别是非的能力。接受其正面影响，抵制其负面影响。

当发现工作有错误时，我们需停下来，冷静分析，权衡利弊。与负责该项目的工作人员仔细协商，讨论解决办法，即使不能说服负责人，也应在执行中把可能带来的损失降到最小。

3. 先执行，用结果反驳

在执行任务时，与他人的意见相悖，认为对方的观点不正确，而自己又没有足够的证据证明自己的观点正确时，如果盲目顶撞，则使自己难堪。

此外，还存在另外一种情况，即自己的证据十分确凿，但对方仍然不相信自己的意见。此时，我们不妨先接受任务，先执行，用结果证明对方的观点是错误的。

"用结果说话"成功的关键在于，不是通过我们的直接辩论，而是让经过精心选择的事实和真实、有效的结果，充分而含蓄地表现自己的倾向与观点，从而说服对方，达到"不盲从"的目的。

孔子曰："众恶之，必察焉；众好之，必察焉。"我们做事一定要有自己的思考和判断，不能盲从。

法国学者帕斯卡尔也说过："人是一棵会思想的芦苇。人类之所以高贵就在于会思想。"

因此，每个人需将"服从但不盲从"作为工作中的警钟。

现实工作中，有很多像这样自古沿袭而来的警世箴言，它们经过成百上千年的时间与历史的洗礼，沉淀至今，深入人心。

可见，服从是职业之"纲"。

一个懂得服从含义的人一定是具备高度责任心、具有道德修养的职业人。他的人生一定充满活力、充满激情、充满成功。

"常道"四：守规是职业之道

第一节 守规是职业发展的通道

守规是指组织或机构需采取措施确保其行为（包括工作人员的行为）符合相关的法律、法规。即工作人员的守规不仅要符合组织的利益，更要遵纪守法。守规是每个公民应尽的社会责任和道德义务，更是公务员或者国企员工职业发展赖以生存的道路，对法律法规深信不疑且走正道的人，会得到应有的回报，而有所怀疑并越轨的人，会受到相应的惩罚。

例如广州一家大型国有企业，在 2012 年年底，公司的总经理把公司效益下滑、面临亏损的情况，向董事长汇报。董事长说："要把财务会计报告做得漂亮些。"于是，总经理找来财务总会计师，让他按董事长的指示办。总会计师着手对当年的财务会计报告进行了相关处理，经过一系列手段使得公司的经营状况在报表上实现了扭亏为盈，符合领导们的要求。最终的目的达到，按说是皆大欢喜，可在 2013 年 3 月，当地财政部门在例行检查中，发现该公司存在重大会计造假行为。依照《会计法》的规定，相关人员都要受到相应的行政处罚。董事长和总经理有方法推脱责任，可财务总会计师这一违法行为的执行者又怎能推脱？

本案中，财务总会计师是在董事长等人的授意下，进行账目造假。虽说有被胁迫的嫌疑，但他终究没有坚持准则，违背了会计师客观公正的职业操守，也违反了相关的法律规定。事件发生后，给企业带来了负面影响。而这位财务总会计师的职业生涯有了污点，很难想象他还会被哪家公司接纳，职业发展很有可能就到此为止，不再有晋升的希望。

在现实社会中，我们都拥有属于自己的工作，只是从事不同的职业，可我们认清了自己职业的规则背后存在的法律意义吗？

一定有法律意识淡薄的人存在，一般这样的人，表现在抱怨的同时又不认真工作，对公司的规章制度视而不见，经常触犯。只抱怨不付出的人，在金秋时节看到自己没有得到预期的收获，不要抱怨，要反省自己在春天是否有过辛勤的耕耘。

许多公务员或者国企员工存在此种现象：追求人性解放，重视自我，崇尚自由，对规则的态度很是冷漠，不屑一顾也常有之。

可是，我们表达自己张扬的个性又得到了多少？只能是与社会格格不入，与组织气氛不相容，完全是个"多余人"的角色。收敛自己的个性去适应所在职业的要求才是正途，避免碰壁的前提是认清我们要遵守的规则是什么，像个"愣头青"一样到处乱撞，到头来受伤的只是我们自己。

俗话说："国有国法，家有家规"、"没有规矩，不成方圆"。指的是，凡事都有其固有的规律。人们要想实现预期的目标，就必须按其规律行事，否则就会遭到惩罚。无论是公务员还是国企员工都应遵守上下班纪律、工作纪律、会议纪律、学习纪律，严格遵守效能作风建设各项规定。一份好工作来之不易，莫要因无视纪律而让自己的成功之路断裂，工作中一定要做到秉公执法、廉洁从政、洁身自好，守得住清贫，耐得住寂寞，经得起诱惑。

新时期的国家工作人员，身负重任。在工作中固然要遵规守矩、依法行政，面对当前繁重而艰巨的组织发展任务，更不能缺少尽职尽责、为民解忧的崇高精神和职业道德。在涉及组织发展深层次矛盾问题上，应不畏强权、不惧艰险，迎难而上。如果工作人员一味怕担责而不能为组织发展贡献力量，只会贻误组织的发展时机，自己的发展自然也岌岌可危。

可见，守规是我们职业发展的通道，更是我们职业航行中的守护者，那是前人千百年来的总结，是思想的精华，也是我们职业道路上的指示灯，能让我们顺利前进，减少触礁的概率。

守规是我们职业发展的践行之路，执行之路。守规行为不仅是为组织服务，为职业服务，也是在为我们服务。成功的缘由不在于路途的宽窄，只在于对于坚持在道路上行走的执行力，对守规的信任。守规是职业的操守，在我们的共同努力下，让组织发展更进一步，为实现自我的价值奠定基石。

总之，国家工作人员应将"严以修身、严以律己"作为工作的警钟，切实为组织发展和群众幸福贡献一己之力，开创工作新局面。

第二节 守规是职业发展的客观要求

在守规这方面，德国无疑是世界上做得最好的国家之一。由于德国人把守规矩、努力完成工作当作使命，因此，造就了工业产品世界的奇迹。

守规的表现形式有很多种，除了遵纪守法以外，当属高效的执行力了。

规矩的生命力在于执行，若仅把规矩讲在嘴上、写在纸上、贴在墙上，只看却不落实到行动上；或者自己不执行，只让他人遵守，这样的规矩等于没有。现实生活中，有的公务员，在工作中以自我为中心，只凭感情做事，无视纪律的存在，随心所欲，严重破坏了国家在人民心中的形象，甚至阻碍了公共组织的发展。

因此，任何人，任何时候都必须自觉把自己置于规矩之内，严格依照企业和组织制定的制度、政策法规办事，提高自己的执行力。

长沙有这样一位军人，在战场上负伤成了残废，退伍后回到自己的家乡去谋职。年龄大再加上身体的缺陷，让他求职的经历非常坎坷，很多单位都拒绝聘用他。但他没有放弃，继续寻找工作谋生。

这一次，他来到长沙最大的一家木材公司，在通过几个关卡后，终于找到了这家公司的副总裁。他对副总裁说："我作为一名退伍军人，郑重地向您承诺，我会完成您交给我的任何任务，请您给我一次机会。"

副总裁看到他的样子，像开玩笑一样，真的给了他一份工作，其实只是想用这份工作让他知难而退：收拾西藏的烂摊子。因为与客户关系恶劣，公司的欠款长期没有收回，收回欠款是他的任务。这个退伍军人似乎没有意识到任务的艰巨性，说道："保证完成任务。"

退伍军人到了西藏不久后，便收回了公司的所有欠款，并且挽回了公司形象。后来，在周末的一个下午，公司总裁叫退伍军人来他办公室，给他布置了一个任务，内容是：这个周末，总裁要参加妹妹的婚礼，叫他帮公司总裁去一家店买一件礼物，然后送到总裁手上，礼物是一个蓝色的花瓶。说了礼物的特征后，总裁把写着礼物地址的卡片交给了他。那名退伍军人接到这个任务还是说了那句："保证完成任务！"

任务没有想象中那么简单，退伍军人到达了指定的地址，却没有找到这家店，总裁的电话又打不通。退伍军人只好根据地图然后用扫街的方法去寻找，在距离假地址有五条街的地方，找到了那家店。但这家店又提前关门，没有营业。经过千辛万苦，退伍军人终于用自己的人格感动了那家店的老板，买下了蓝色的花瓶，为了赶时间借朋友的私人飞机，赶上总裁的火车，把花瓶送到了总裁手里。没有质问总裁是什么原因，只是说了一句："总裁，这是您要的花瓶，给您妹妹带好，祝您旅途愉快。"然后转身离开。

新的一周开始上班的第一天，总裁把退伍军人叫到办公室，选派他去远东地区担任总裁，之前让他买花瓶实际上是个测试，看他能否出色完成任务，有没有坚决执行任务的决心。

这个故事的题目是"什么叫执行力"，退伍军人的行为就是执行力！而执行力就是守规的完美体现，完成领导的要求的过程就叫执行力。

从这个故事可以看出，守规是一个动态的过程，不是被动地进行。退伍军人的升职过程，得益于他的守规和执行力。军人的天职就是服从命令，完成任务，军人这一特殊职业对守规诠释得非常完美。

虽然一般的职业对守规的要求并不是很明显，但守规确实存在于所有行业中，是我们职业发展的客观要求。"什么叫执行力"这个故事里的退伍军人，他成为公司远东地区的总裁，得益于高效的执行力和严格遵守职业发展的客观要求。

众所周知，重庆成为直辖市以来，经济得到了较快的发展。同时，两江开发又给重庆注入了新的活力。其中，中小型企业对重庆整个宏观经济的发展、扩大就业、稳定社会方面也做出了很大的贡献。近几年来，中小型企业在中央政府关怀下，在重庆市各种政策的扶持下，在重庆中小型企业服务平台的服务下，平添了强劲的发展动力。然而，要获得长足发展，重庆中小型企业还需要走很多的路，还需要解决制约重庆中小企业发展的因素。

目前制约重庆中小企业发展的因素除资金问题外，其他众多问题的根本在于人员素质问题，而不守规矩则属罪魁祸首。不守规矩通常表现在约定时间的情况下，基本上很多人在商务或会议谈判中迟到。这看似不起眼的迟到，却成为制约企业发展的因素。可见，守规在工作中十分重要。

因此，无论是重庆的中小企业还是从事其他职业的工作人员，只有提高了自身职业素质，才能使企业和组织的发展更上一层楼。

孟子有言："不违农时，谷不可胜食也；数罟不入洿池，鱼鳖不可胜食也。"这句话在讲，不违背耕种、打鱼的自然规律，粮食和鱼就会丰收。顺应客观规律就能得到预期的效果，同样，在职业发展中守规也能让人获益无穷。

规矩是各个行业发展的必然要求，并非仅为了满足管理者的需求，也是为了我们更好地工作。不违农时是遵守大自然的客观规律，守规矩是遵守职业发展的客观规律。例如，公司运营计划要求公司在一年内完成各种方案，以期生产、销售、盈利、资金流向达到预期的标准。领导是企业运行体制的监督者，而我们员工是所有环节的操作者，是最核心的、最关键的组成部分。我们守规，公司运营计划自然如期完成。我们不按照规矩办事，则企业完不成预期的项目，企业整体利益受损，我们的利益也将受到损害。

守规是职业发展的客观要求，但守规并不意味着保守，墨守成规。它要求发挥我们的主观能动性，认真去对待规矩，遵守和执行规则就好比是顺势而为，简单易行，不是逆流而上，寸步难行。

职业是我们的"第二生命"，重视守规就是对我们的"第二生命"负责。它很"任性"，需要我们主动配合它的一举一动。它也懂得感恩，只要我们肯对它无私付出，毫无保留地相信它，它也会无私地向我们反馈我们想要的东西。

在工作中，我们每个人都应学习德国人做事以及退伍军人做事的态度，将守规执行到底。守规靠的是自觉性、靠的是职业素养。

作为一名公务人员，更应强化规矩意识，熟悉和掌握公共组织的法律法规、制度条文和程序规定，时刻严格遵循组织制度和要求，使自己成为真正"守规矩"的组织成员。

第三节　守规是职业发展的本分

2014 年的 11 月 8 日是新中国成立以来官方设立的第 14 个记者节，我国为什么要设立记者节？从客观上来讲，一方面是国家希望社会更加关注记者群体，关注新闻媒体事业；另一方面是激励新闻从业者更加严格遵从职业操守，把新闻工作做得更上一层楼。

医生的工作是救死扶伤，教师的工作是教书育人，而记者的工作是提供合格的新闻作品。新闻作品要全面、客观、真实。这是学习新闻课程的第一堂课，也是记者这一职业必须要履行的职业法规。可2013年却曝出了许多假新闻，例如，"'深圳最美女孩'给乞丐老人喂饭"、"长春老人菜市场晕倒178人无视路过，仅有1人施救"等诸如此类的假新闻。尽管假新闻事件曝出后，相关新闻媒体做出了道歉回应，对报道假新闻的工作者进行了严肃处理，但这并不能平息大众的声讨之声。

大众是通过新闻媒体来了解世界各地的信息，新闻媒体总是曝出假新闻给大众，那不是在愚弄大众吗？不守规的、发虚假新闻，不仅仅是违背职业道德，更是一种违法行为，性质相当恶劣。同样的道理，如果医生和老师没有守规，那广大群众也将受到难以估计的伤害，后果根本不可想象。

职业的本身附带着社会责任，守规不只是简单在说，遵守职业的规范，法律的约束，还要担起一定的社会责任。我们的工作不是封闭式不与外界联系的，我们的劳动成果终将会转化为一定的社会效益和经济效益。守规是我们职业发展中的本分，平常工作可能不起眼，感受不到自己的社会责任，不觉得自己为社会做了多大的贡献，可一旦发生意外事件，社会责任就会立刻浮出水面。

2013年3月22日《新浪网》山东站报告了"最美司机"宋洋的追悼会在济南市殡仪馆举行，泉城各界上万人士来到济南殡仪馆，向宋洋做最后的告别。宋洋之所以拥有"最美司机"这一光荣称号，是因为他在弥留之际做了件很感人的事。事情发生在2013年3月9日，宋洋驾驶着载有33人的大客车行驶在高速路上，宋洋突发脑干出血，就在临近昏迷的最后一刻，他不仅忍痛将车停好，还劝阻车上乘客，不要在高速路上下车，这一举动，挽救了一车的乘客。

宋洋是名普通的客车司机，劝车上乘客不要在高速路上下车这样的举动，也是很普通的，几乎所有司机都会有这样的嘱咐。可关键在于他是在生命受到威胁时，还在为乘客着想，不忘履行自己的职责，着实难能可贵。试想一下，如果宋洋没有停下车，抑或是没有告诫车上的乘客不要在高速路上下车，那会有怎样的后果？一车乘客的生命安全都将受到威胁。

宋洋做出的举动在其他客车司机看来，是很寻常的事，因为他们也经常做。其他客车司机虽然默默无名，但他们同样保证了乘客的生命安全，只是太寻常，太普通，所以我们并没有注意过。宋洋是他们其中的一员，"最美司机"的这一称号他当之无愧。客车司机在工作中，随时注意保护着乘客的安全，这是他们的职业本分，这就是在守规。

记者、教师、医生、司机都是很普通的职业，没有孰高孰低之分。这四个职业的内在要求体现出很强的社会责任感，从事者必须承担起职业的要求和社会的要求。而我们的职业也包含着相当大的社会责任，只是我们没有意识到。守规存在于所有的职业，守规也就意味着无条件接受社会赋予职业的义务，履行相应的社会责任。

教师在黑板上挥洒写字，或者说一举一动，如果台下没坐着学生，那老师的举动并没什么特殊可言，可台下坐满了学生，老师的举止行为就附带了一定的教育意义，它将直接影响到学生的行为方式。司机开车行驶在喧闹的街上，车上没有乘客，司机的操作要对路上所遇到的路人、车辆负责；车上有乘客，则多一份责任要担当，简单的刹车、转弯都承载了很多肉眼所看不到的义务和责任以及为大众服务的准则。守规是我们职业的本分。不守规的人，永远做不成事。

不守规的人有这样的特点：经常换工作、"跳槽"。

近些年来，以"80后"、"90后"为代表的职场新人普遍表现出对工作的"不重视"，以感觉"不喜欢"、"不合适"等理由，潇洒辞职，甚至出现"裸辞"的情况。他们把自己的感受放在第一位，用自身感受去衡量工作，通常衡量后得到的结果是什么都不满意。把自己看得太重，对于职业发展不是什么好事，因为他们无法理解职业的规则，无法理解职业本身附带着的义务，更按捺不住自己的性格去守规，总是用挑衅的态度去对待规则。或许潇洒"跳槽"这样的行为，最初是觉得很潇洒，但最后吃亏的是我们自己。很多企业的人事部经理在对待经常"跳槽"这样的应聘者时，多半不考虑录用，觉得他们对公司不忠诚，不会遵守公司的规则。越频繁"跳槽"的人越不容易找到工作，在自己还艰难地找工作时，同期比较安分的同学已经成为销售主管这样的公司中层领导。

守规是我们职业发展的本分，我们应该以守规为自己职业的基本核心，而不是我们的个人感受。守规不是在为我们个人服务，而是在为大众服务，是法律与道德的双重要求。如果我们的个人感受与职业上的守规起了冲突，要让步的是我们，而不是守规。职业发展必须要守规，不守规则会被社会所淘汰。

"常道"五：担责是职业发展之重

第一节 担责是职业发展之春

国营企业不仅是一个营利性组织，还需要担负一种责任。因此，担责要从每一个人做起。

如果一个国家或者民族缺乏勇于负责的精神，这个国家或者民族就不可能走向强大；如果一个企业或组织缺乏善于负责的精神，这个企业或者组织就会失去资源，失去市场，最终关门倒闭；如果一个企业家或负责人缺乏敢于负责的精神，这个企业家或者负责人就不可能取得他人的信任，就会失去更多的发展机遇，一生碌碌无为。

员工缺乏责任心，让企业无法形成强大的凝聚力，致使企业内部溃不成军，这样何以御敌？谈何竞争？从企业内部分析，员工缺乏责任心的原因大致有以下几个方面：

①没有团队意识。人心不齐的简单聚集，只能招集一帮乌合之众，毫无战斗力可言。②没有大局意识。组织内帮派众多，山头林立，只为自己的发展谋福利，不顾及整个组织的发展。③面子文化。中国人普遍有一种意识，那就是面子大过天。如出现矛盾不当面解决，表面上笑脸迎人、一团和气，

背地里却搞小动作、暗箭伤人。

缺乏责任意识是一种潜在的毒，从内部瓦解组织的战斗力，让组织虽然表面看起来光鲜，却是金玉其外，败絮其中；也是一种慢性的病，虽然一时不会危及组织存亡，但会慢慢腐蚀消磨组织的生存力；缺乏责任意识是一个隐形杀手，难以发现、不易解决，却易于攻破组织最核心的力量。

正如事物的内因决定事物的性质和存亡，责任意识也是决定组织存亡的关键，它远比外部竞争对组织的冲击要大得多。若未提早预防，及时控制，发展下去就会使组织不战自败，无以立足。

我们常见的"窝里斗"的实质是什么？是欲望的膨胀、无限贪婪的心理和恬不知耻的野心，归结到一点就是没有责任感，是一种互相推卸责任的斗争。然而，这样的斗争无论哪一方胜利，最终都是两败俱伤。这种斗争表面看也许是一件好事，可以揭露一些人的各种问题。可实质上，遭殃的还是组织本身或企业本身，从更深层次讲，也刻下了社会和民族的伤痕。互相推卸责任的斗争即使输的一方倒下了，取而代之的人也会不断卷入新的斗争中，永无休止地恶性循环下去。

如何结束这场战争？必须减少"窝里斗"，常怀责任感，勇于承担责任，抑制自己内心的欲望、贪婪、野心，一心一意为企业谋发展，把全部的精力贡献到企业的腾飞上。

某种意义上而言，勇于担责是一个人生存与发展之本。

一名优秀员工必须承担三大责任，第一大责任是为社会提供合格的产品与服务，第二大责任是为国家纳税并拓展社会就业渠道，第三大责任是为企业创造更多的价值。这就离不开一颗强大的责任心。时刻将国家利益、社会利益及企业利益放在心上，才能赢得领导的青睐和支持。可见担责才是我们生存与发展之本。

然而，虽然许多人在工作中做了很多努力，但这些年产品质量不过关引起的社会问题仍然频频发生。这就说明每个人都应该加强社会责任意识，不

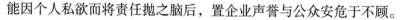

能因个人私欲而将责任抛之脑后，置企业声誉与公众安危于不顾。

对于责任，蒙牛乳业集团创始人牛根生曾做过一段非常精辟的阐述："责任在谁？我们每个人都逃脱不了干系。有人说他一点都不知道这事，然而，'不知道'这三个字绝对不能成为自我开脱的理由，因为无知本身就是一种犯罪！"

因此，无论在任何时候，我们都不能推卸责任，不能因为内心的欲望、贪婪而丢弃责任；不能因为怕苦、怕累而将自己的责任弃之不顾；不能因为一句"我不知道"就将自己置身事外。

如果每一位工作人员都能够真正肩负起这三大责任，企业的兴旺发达和国家的富裕强大将指日可待。因此，这三大责任是一项艰巨的任务，需要每个人坚持不懈地努力；这三大责任既是一项共荣的任务，同时又关系着企业发展与民族振兴；这三大责任既是我们解决温饱的前提，更是职业发展之根本。

第二节　担责是职业发展之火

公务人员因不担责而遭到法律制裁的事例屡见不鲜。

2014年2月17日，广西平南"枪杀孕妇"警察一审被判死刑。这名警察因酗酒携带枪支，滋事扰民，造成一名孕妇死亡，严重违反了公务员职责，罪情极其严重。尽管政府前期已代其向受害者家属赔偿了 73324.1 元，但是因不履行警察职责，致使一个幸福家庭破裂，这一行为不仅给受害者的家庭带来了严重的心理创伤，用再多的钱也买不回其家庭幸福，而且也损害了政府在群众心目中的形象。

可见，增强公务员责任意识已经成了亟待解决的问题。

人可以渺小，可以伟大；可以富有，也可以清贫，但不可以没有责任。任何时候我们都不能放弃肩上的责任，扛着它，就是扛着我们生命的信念。如今，我国正在大力倡导建设和谐社会。和谐社会离不开公务人员强大的责任心。如果我们责任意识薄弱，就无法为民解万难，不能为组织创造更大的价值，因而自己的价值也无法得到体现。现实中，有的公务员做事拖延、态度傲慢、气焰嚣张。假如大量存在这种毫无责任心的工作人员，必定影响整支公务员队伍的形象。因缺乏责任心而影响到人民的利益，势必对我国构建和谐社会造成影响。如果我们每个人都提高责任意识，就会全心全意为人民服务，积极做事，服务组织。

提高个人责任心，需从以下几个方面做起：

1. 公务人员自身应提高认识，加强学习

解决公务人员责任意识弱化的问题，就要从加强学习开始。定期学习一些基本政策以强化自身的责任意识，使自己深刻认识到自身的地位和肩负的责任，摆正工作态度，将组织和人民的利益放在首位，一切以组织和群众的利益为重。

加强我们的世界观、人生观、价值观的学习，为组织和群众的利益鞠躬尽瘁。

2. 强化服务意识

我们的责任是为组织发展得更好，为公共利益服务，如果忘记自己的职责所在，势必会对人民敷衍了事、不办实事，难以为组织贡献力量。因此，我们要强化服务意识，时刻以组织和群众利益为中心。

3. 强化务实意识

工作前，多思考，想好了再做。正所谓"三思而后行"，努力使每一项工作经得起实践和历史的检验。

4. 忌盲目执行

工作中，我们必须服从和执行上级的决定，但是，面对上级错误的决定和指挥，我们应严格遵循《中华人民共和国公务员法》第五十四条的规定：公务员在执行公务时，认为上级的决定或者命令有错误的，可以向上级提出改正或者撤销该决定或者命令的意见；上级不改变该决定或者命令，或者要求立即执行的，公务员应当执行该决定或者命令，执行的后果由上级负责，公务员不承担责任；但是，公务员执行明显违法的决定或者命令的，应当依法承担相应的责任。

可见，为了杜绝盲目执行上级错误指令的行为，而致使自己承担法律责任，工作中我们应具备明辨是非的能力，秉着公平公正、为组织着想的原则，为组织尽力。

我们每个人都应该将责任扎根于内心，让它成为一种强烈的意识，成为内心中一种坚决的态度。然而，想要获取这种意识与态度并不是一件容易的事情，因为它是由一件件小事情构成的，是一个漫长的积攒过程。

如果将勇于承担责任看作是"水"，这"水"将给我们一种"生"的力量，它将滋润我们的心田，改变我们的工作态度，使我们时刻保持清醒，清晰认识到自己的工作职责，在公共组织中尽情发挥才能，为自己不断铺平前进的道路，成为一名合格的公务员。为人民群众提供方便、快捷、优质、高效的服务，全心全意为组织奉献自己的力量，通过履职尽责的成效来体现公务员的职业道德。

人生苦短，我们想要有所发展、获得成功，必须培养自己的责任意识，勇于承担责任，唯有这样才能实现价值，成就人生。

第三节　担责是职业发展之重

强国之道，在于强民；强民之道，在于强力；强力之道，在于强责。

责任不仅体现在企业身上，更在于个人。国有企业是经济组织，是国民经济的支柱，必须承担经济责任。而国企工作人员作为国企的一分子，理应主动承担起为企业发展而努力的责任，不断提升企业竞争力，帮助企业创造更高的经济效益，保证国有资产保值增值，促进国民经济平稳、快速发展。

担责，是每个人必须具备的职业素质。然而，有的人却在利益面前，将责任意识抛在脑后。如一家船舶工业集团因工作人员违规经营，私自在财务报告中作假，企图扩大企业规模，这种行为俨然忘记了责任的重要性。最终导致船舶集团多次面临濒临破产的局面。这种不负责任的情况不容忽视，必须引起所有人的重视。工作中，我们必须正视自己所要承担的责任。

任何人想要获得长远的发展，强烈的责任心是必不可少的。而尽职尽责需要强大的意志力来推动。只有有了坚强的意志支撑，我们才能在履行责任的过程中抵挡各种诱惑，恪尽职守，完成工作的使命。

然而，负责也分为很多种，我们应该如何负责？

1. 对自己负责

人生的基础责任心的体现莫过于对自己负责。只有对自己负责了，才能够对他人负责。对自己负责表现在以下几个方面：

（1）为自己的行为负责。人这一辈子，是由许多行为构成的。这些行为将为自己带来成功和好处，但有时也会带来失败。但无论如何，只要是我们所做的事情，我们就应该对自己的行为负责。

俗话说得好："敢做就要敢当。"

可是，许多人会犯一个错误，即为自己的过错找借口。事实上，无论你如何逃避责任，事情终归是你做的，为过错找借口，只会让自己错上加错。

在工作中，经常可以看到一些人，遇到困难，不解决问题，而是选择退缩；当要为失职承担责任的时候，却又想尽一切办法为自己逃避责任找理由；但当有荣誉时，他也将拼命"拦功"。没有人愿意与这样的人打交道，这种人自然难以获得别人的信任和支持。

（2）为自己的选择负责。人生中没有两全齐美的事情，有些时候就是需要二选一。无论选择什么样的道路，都要通过我们自己的决定，没有人能取代我们。一旦自主做出了选择，就要为自己的选择负责，承担选择的后果。

所以，我们选择了一份工作，就应该全心全意为工作付出，这样才是对自己的选择负责。

世界上很多伟人，他们在拥有崇高地位的同时，也承担着常人无法担负的责任。

当汶川地震来临时，女教师何代英为了保护两名学生，献出了自己的生命。她既然选择了教师这份职业，就要对自己的选择负责到底，在生命的尽头，她的脑海中只有一句话——"要为自己的选择负责"。

2. 对他人负责

对他人负责，是我们人生所要面对和承担的第二个责任，虽然我们说过人要为自己活着，没有人有义务为别人承担些什么。但是我们绝对不仅仅是为自己活着，我们还要为别人所活。因为人需要亲情、友情以及爱情，这些情感让我们必须要对他人负责，这会让你不仅能够保持现有的情感，还能够获得更多的情感与支持。对他人负责，主要是不要伤害他人。

很多人错误地理解了"人，首先是为自己活着"这句话，他们认为既然是为自己活着，那么就要以自己的利益为重，甚至可以牺牲别人的利益来换取自己的利益，于是我们就会看到很多人总会有意无意地伤害别人，让他人痛苦。

我们做任何事情之前，都要仔细想想，这件事情会不会对别人产生影响，如果会，那么就不应该继续做这件事，因为我们没有权利去伤害别人。

3. 对工作负责

工作后，我们会经常听到一个词，那就是职业道德。而职业道德就是一个人对工作是否负责的衡量标准。我们不妨审视自己在工作时，是否如同"差不多先生"一样凡事只要混过去就可以呢？

如果人人都像"差不多先生"一样，这个社会会成为什么样呢？

以"香港奶粉限购令"为例，作为一个拥有十几亿人口的泱泱大国，我们竟然不能让我们的孩子吃上放心的奶粉，这是多么令人心痛的事，甚至逼得香港同胞们对我们惧如虎狼，只能颁布限购令来限制奶粉的销售。为什么会发生这样的事情？

如果工作人员在审查奶粉厂商的资质时严格一点，负责一点，如果奶粉厂商有责任感一点，会发生如此让人心痛的事情吗？

可惜，这只是假设，没有如果，这件事已经变成了现实。

如果我们每个组织、每个家庭、每个人都是"差不多先生"，缺乏对工作负责的职业道德，那么未来可以想象，个人、家庭、组织乃至中国都将面临重大危机。

因此，无论做什么工作，都必须负责任，万不可事事只求差不多！

如果我们工作的目的只是为了生存，而做好本职工作就是自己的责任。做好工作，没有什么值得炫耀的，而做不好，则没有任何理由狡辩，只能说明自己没有责任心。迟到了，并非是因为路上堵车，而是你起床太晚；工作没有完成，并非是时间不够，而是你能力不够。

因此，真正具备责任感的人首先要做的就是完成自己的工作。但是仅仅完成自己的工作也不够，你还必须拥有良好的职业道德。

4. 对诺言负责

诺言是指我们对他人承诺过的事情。既然我们说出来，承诺过，那么就一定要负责到底，信守诺言。犹如英国王子查尔斯曾经说过："这个世界上有许多你不得不去做的事，这就是责任。"如果我们对别人做出了承诺但是又不兑现，长此以往难免会给人留下不好的印象，到最后，当心成为"狼来了"故事里面的放羊娃，无人帮助，也没有人再信任他了。

总之，无论做什么事都离不开强大的责任心，增强责任心就是增强企业竞争力。万众一心，共同为了企业发展奋斗，才能不断增强企业发展力，才能不断增强企业竞争力。每一个人都应该有这样的信心：人所能负的责任，我必能负；人所不能负的责任，我亦能负。在工作中始终致力于提高自身的担责能力，与企业共发展，共强盛。

如果你想要在工作中取得成功，就应该记住这个道理：担责是职业发展之重。

下 篇

职业修养之术：“四雅六达德”

第三部分

"四雅"是职业之力

"四雅"之温文尔雅：倾听是职业吸引力

第一节 为什么倾听如此重要

我们每天都在听人说话，而你真的理解"听"的奥秘吗？

"听"的繁体字是"聽"，其中"耳、德"，指用耳朵感受声音，即耳有所得。"聽"字，左上方是"耳"，下面有个"王"，从字面意思来看，即"听为王"，右上方是"十四"，右下方是"一心一意"，那么整体的意思即为"用十四个心去听"。

我们每个人只有一张嘴巴、两只耳朵。其意为做一名谦卑的人，多听少讲，听清楚才能够表达清晰。

因此，倾听不只是简单地用耳朵听，更要用心去聆听。

所以，"倾听"在现代汉语中被解释为"用心聆听"。

诚然，无论生活还是工作中处处离不开倾听，耳朵是通往心灵的最好方式。可是，现实工作中，许多人往往忽略了倾听的重要性，将他人的忠言丢在一边，直至工作中遇到"瓶颈"时，才忽然想起别人曾经的忠告。

那么，我们又可曾想过，不倾听的原因是什么？

其实，在古代人们十分重视礼仪，十分注重人与人之间的交谈方式。但是，随着社会的发展，渐渐地，人们越来越注重表现自己，只顾自己讲话，想要把自己的优点在别人面前展示得一览无余。于是，只顾自己一味地讲，而忽视了倾听。

久而久之，人与人之间少了真诚，多了隔阂，多了争论，少了包容。

因此，在公共场合发生争吵的事情随处可见，人与人之间的争论轻则面红耳赤，重则大打出手，造成头破血流的悲剧。人们忽视了倾听，自然不会静下心来聆听别人的解释。

除此之外，人们过分标榜"伟大、光荣、正确"的思想，使人们的内心越来越浮躁，自以为是，俨然忘记了倾听他人。

假如一个民族缺乏信仰，就仿佛丢失了灵魂，因为他的内心没有敬畏。丧失了敬畏之心，只会夜郎自大，何谈倾听别人的想法？更不会产生理解他人的想法，也就不会做到换位思考。冷漠占据了心灵，温暖何以展现？

美国通用公司前总裁卡耐基曾经说过这样一句话："一对灵巧的耳朵胜过十张能说会道的嘴巴。"

可见，无论生活还是工作中，每个人都要学会倾听。例如，教师应学会聆听学生的想法，员工应学会聆听领导的想法，领导也要换位思考，倾听员工的意见。

一、倾听为什么如此重要

1. 倾听是尊重对方的最佳体现

销售人员想要表达对顾客的尊重，则需仔细倾听顾客的意见和想法，这是对顾客最起码的尊重，顾客感受到了自己被尊重，同样的好感也会传达给销售人员。学会倾听，还可以了解顾客的心理、获取顾客更多的信息，有利于业务的快速成交。

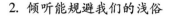

2. 倾听能规避我们的浅俗

在工作中，尤其在进行商务谈判时，做到有效倾听，便于加强记忆和理解。当对方提出某种观点，而自己无法理解时，在倾听的这段时间内可以仔细揣摩对方的说话意图，从而规避我们的浅俗，有效掩盖自身的弱点。

此外，倾听能激发说话者的谈话欲，让说话者觉得自己有价值，善听才会善言。

3. 倾听是了解别人的最好方式

有效倾听一方面是表示对说话者的礼貌、尊重和给面子，说话者也因此而喜欢、信赖并乐意与倾听者交往。

古语有言："知己知彼，方能百战百胜。"通过倾听，掌握对方的信息，才能帮助自己获取成功。

例如，在商务谈判中，认真倾听对方陈述观点或者回答问题，假如对方在谈话过程中产生漏洞，自己便能够深入地了解对方的工作情况，从而帮助自己快速地获取一些资料，甚至在谈判不利的情况下，可以转守为攻。

二、应该如何做好倾听

1. 态度要真诚

真诚的交流是心与心的沟通，是拉近两者情感距离的最佳途径。真诚地倾听，必须建立在平等和尊重的基础上。只有与人为善、虚怀若谷的人才能做到尊重他人。相反，自以为是、盛气凌人、态度冷漠则难以开启交流之门。

此外，态度真诚还需做到内心专注，只有专注的人才能听清楚对方的谈话，从而做出有效回应。

2. 掌握倾听技巧

掌握倾听的技巧可以从如下几个方面入手：

首先，让对方先发表意见，在与人交谈时，自己不妨先倾听他人的观点，最后再发表自己的看法，在聆听过程中，以身体稍稍朝前倾斜的轻松自然的坐姿，来表示尊重并聆听对方讲话。切忌交叉双臂，也不要跷起腿。

其次，不要打断别人的讲话，认真听对方把观点讲完，待对方讲完后，再阐述自己的观点，当对方提出的意见十分精彩时，不妨予以回应，证明自己始终跟着对方的思路走。当自己不赞同对方的观点时，切忌急于否定，应该给自己足够的时间考虑和判断，待对方讲完话后，可以礼貌地说出自己的看法。

最后，要收口，不要声张，在工作中，人与人之间难免因某种利益的冲突而产生矛盾，当听到同事说他人坏话时，不要听什么传什么，自己听过之后要咽到肚子里，要深知祸从口出的道理，将听到的事情守口如瓶。无论是倾听流言蜚语还是倾听他人的观点，都需具备有效筛选的能力，汲取对自己有用的信息，排除无用的信息。

人与人之间的交往，离不开沟通，离不开倾听。倾听，亦是学习，倾听是了解、理解、接受、接纳一个人以及外部世界的整个过程。一个会倾听的人，能够从优秀员工身上汲取能量，弥补自身的不足，使自己在人生道路上少走弯路。

只有乐于倾听、懂得倾听重要性的人，才能做到见贤思齐，才能成器。

第二节　倾听如何塑造自我及人际关系

人是社会的产物，人的生活离不开社会中的人际交往，人际关系离不开交谈。人际关系也是一种无形财富，许多人事业的成功得益于良好的人际关系。

如果你想自由自如地与人交谈，首先必须学会做一个合格的听众，善于倾听是塑造自我及人际关系的有效途径。

当一个人和一个志同道合、无话不谈的好友在一起交谈时，整个人都十分兴奋、精神愉悦，人们享受那种被倾听所带来的快乐。

倾听对于我们的生命就如同工作和爱一样，是十分重要的。

在工作中，会有人尽职尽责，付出劳动与汗水，为自己打拼未来，给予同事鼓励与赞美，帮助企业创造收益与价值，许多"志同道合"的人聚集于此，合力打造灿烂的明天。在"志同道合"的过程中，自然少不了倾听，人们之所以能够与同事并肩作战，其原因在于能够从他人的对话中听见自己的心声。

被倾听则证明自己从同事和领导身上得到了相应的反应，这会使我们的生活充满激情，工作更加有动力，也让自己以一种清晰、明确的方式来了解自己的行为及主权。

诚然，表达与倾听密不可分，高效率的工作是在有效表达与倾听之间进行的。因此，假如我们是通过倾听而被认可，从而塑造自我的话，那么，这种认可必然来自我们所认可的人，领导、同事或者爱人。

维持了表达与倾听之间的平衡，才能够在平等的立场上进行有效互动，塑造了自我，也给他人带去了鼓励与尊重。

通过倾听塑造自我有十分重要的作用。例如，当小孩子说的话被父母认可时，孩子的内心也会觉得自己有价值、被欣赏，从而使孩子们有足够的自信发展其独特的才智。正如我们经常看到外国电影里，那些几岁的孩子动手能力极强、思想成熟，仿佛是一位"小大人"，能够平等地与父母进行沟通交流，原因在于表达与倾听达到了平衡，从而疏通了"肯定自我"的过程。生活中，我们经常看到孩子由于犯错，而遭到父母的数落，父母只顾一味批评，却忽视了倾听孩子的解释，任由孩子被羞辱而哭泣，这是多么令人痛心的事！

可见，倾听从一个人的儿童时代开始就对其性格及未来各方面的发展都有着深远的影响。

诚然，"自我"并非天生使然，是后天养成的，是一种察觉及人际关系互动的结果。从年幼成长到上学，再到进入职场，倾听都离不开与人互动，一个人的个性是在与他人的关系中形成的，而"自我"的活力多依赖于我们所接受的倾听的质量。

无论生活还是工作，无论一个人的身份、职位如何，无论一个人具备怎样的聪明才智，都需要做一个好的听众，良好的倾听是人与人互动中最大的尊重。

我们每天要跟人打交道，周围的人都是我们倾听的对象。大人和孩子彼此倾听对方的声音；教师和学生彼此倾听对方的声音；医生和病人，领导与员工，都要彼此倾听对方的声音。

究竟如何倾听才能够建立良好的人际关系呢？

1. 要具备真诚的态度以及倾听的技巧

例如，当一位年迈的人找自己谈话时，不妨抱着积极的态度认真聆听。有时候，老人只不过想找个人倾诉心里话，此时此刻，自己只需倾听即可，切忌自视睿智，随意指责对方。看似简单的指责却会伤害到对方对你的信任感。

工作中，当同事主动找自己谈心时，我们只需做到多听、少说，这对于做一名合格的听众来说，不容小觑。在倾听同事苦诉时，可以适当地参与其中，提出自己中肯的建议，千万不要辜负了同事对自己的信任。想要处理好人际关系、做一名合格的听众，必须做到进退有度，方圆有规，游刃有余。

2. 倾听时需要集中注意力

注意力集中是聆听别人谈话首先要注意的，出色的倾听者一定要做到心神集中和积极配合。有效的倾听还包括适当的发问，偶尔提出一些不同的看法，在与讲话者有同感的时候，趁对方谈话停顿的间隙提出来。在谈话过程中，自己提出的建议尽量简短，让主导权仍掌握在对方手中。

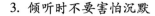

3. 倾听时不要害怕沉默

两者交谈，难免会陷入沉默，沉默是给对方短暂的休息时间，同时给彼此思考的空间。在倾听的过程中，如果自己没有较好的建议提出，不妨点头以示尊重对方。

4. 需随身携带纸笔记录，并做总结

这种方式主要适用于商务谈判或者会议中，随身携带纸和笔进行记录，便于自己更好地理解所听到的内容。这样做不仅可以掌握对方谈话的要领，也可以为后续做出相应的回复做铺垫。在做笔记的过程中，对方也会感受到自己的真诚和尊重。如此一来，表达与倾听则达到平衡。

在谈话过程中，也可以将对方谈话的主旨加以总结，如若有不清楚之处，等谈话结束时，再让谈话者确认，确保领会了倾诉者的意图，从而建立有效的、高质量的沟通。

然而，在工作中，总有一些自以为是的人，丝毫不把他人的建议放在眼里。哥伦比亚大学校长尼古拉斯·巴特斯博士告诫人们："只想到自己的人，是不可救药的无知者，他没有受过教育，不论他曾上过多好的学校。"

因此，想要与他人建立良好的人际关系，想要塑造自我，第一步则从做一名优秀的倾听者开始。

远在基督降生前一百年，有一位著名的罗马诗人"西罗斯"曾经说过："要别人对我们产生兴趣，我们先要对别人产生兴趣。"

因此，认真倾听他人，才能让对方仔细倾听自己。

只有先成为成功的倾听者，才有机会结交更多的人。

假如说渴望倾诉是每个人的共同点，那么善于倾听实在是人性中最具光芒的修养的表现，我们应努力做一个合格的听众，将他人的声音融进胸怀之中。

第三节 真心倾听：暂时搁置自己的需求

人脉对于目标和成功那么重要，又该怎么打通人脉呢？最好的方式就是学会倾听。常言道：听君一席话，胜读十年书。与他人交谈可以增长见闻和智慧，广开言路总比闭门造车要好。而与学识渊博的智者交谈则会得到醍醐灌顶之顿悟。只是如今的我们太忙碌，忙得以至于都忘了自己为什么要这么忙。现在所要忙的是不是我们真正所需求的，也没有停下来，静下心来认真思考过。

正如黎巴嫩著名诗人纪伯伦说的那样："我们已经走得太远，以至于我们忘记为什么而出发。"真正的目的早已搁浅，而手上的"斧子"、"锤子"拿的却很多，适时地放一放，反思下自己真正的需求，倾听他人的话语，或许能有意想不到的收获。

倾听智者的言论，然后认真反省自己，看看是不是犯了同样的错误。为了需求而需求，像机器一样在做重复的努力，"斧子"、"锤子"倒是经常拿在手中，那最终的目的又该怎样去实现？

还拿"斧子"这样的需求来对比：相传达摩祖师来到我国后，曾与几名僧人一同在静坐房打坐三天，不许说话。白天还相安无事，耐得住寂寞，可到了晚上的时候，一阵风就打破了原有的宁静。几名僧人都依次坏了规矩——说话。一时，场面变得很是尴尬，突然听见桌子上发出噌噌的声音，几名僧人面面相觑，发现是达摩祖师拿着一个碗在桌子上磨来磨去，不知何故。于是，管事的僧人就问达摩："大师，这是在做什么？""你们又是做什么？"达摩没有回答，直接反问道。僧人乙双手合十说："我们在打坐成佛。"达摩祖师则说："我在磨碗成镜。""磨碗岂能成镜？"管事的僧人很不屑地质问道。"那么，打坐又岂能成佛？"达摩如是回答，众僧人哑口无言，不知所措。"既然知道打坐成不了佛，那静坐三天又有何用，徒然只在表面上下功夫，不知所谓。"达摩祖师说完，拂袖而去。

那些僧人听了达摩祖师的话，方醒悟打坐成佛和磨碗成镜都是不可能的，如果他们只是注重打坐这样的形，根本参透不了佛理，更成不了佛。打坐成佛本就是误区。那几位僧人为了成佛而打坐，却从未扪心自问一下，打坐这种方式能否成佛？而这种需求与成佛又有什么必然的关联？打坐的僧人听了达摩祖师的话语方才醒悟，自己走的路并没有通向成佛的彼岸。

现今的社会生活中，忙碌的人从来不少，很多人恨不得把自己分成几半来做事情。忙都忙不过来，至于倾听他人言语，不是推脱，就是连着正在忙碌的事一勺子烩掉。看似一心二用，做事极有效率，但在与你交谈人的眼里，你很不尊重对方，轻视对方。往往这样的交谈都以不欢而散告终。你在不停忙碌着，还要与来人交谈，倾听自然做不到，而你忙碌的背影和体态语都在无形中暗示对方：你打扰到了我的工作，你所说的跟我毫无关系。如果存在这样傲慢的态度，时间久了，在工作中我们的人际关系怎能有良好的发展？跟你说话的人少了许多，等自己需要别人帮助时，他人就会以冷眼旁观的态度对待你。

再说了，放下自己正在忙碌的事宜，倾听对方的言语，未必就是跟自己毫无关联的。可能在不经意间，解开一直困扰自己的谜团，又或者是了解到自己现在的忙碌与磨碗成镜没什么两样。当别人来跟我们交谈时，我们手上在忙碌的事宜，未必就那么重要，那么赶时间。为忙碌而忙碌，因需求而需求，不是很悲哀吗？放下自己的需求，倾听他人，有时会收获意想不到的结果。

暂且搁置自己的需求并不是永久放下，暂且放下自己需求去聆听他人的倾诉这样的举动，他人会自然地认定你很在乎对方、重视对方，他人会更愿意对我们说，把我们当作知己。这对于拓展自己的人脉无疑是很有帮助的。

如果他人对自己的倾诉并不是很重要，自己在心里可以慢慢盘算好下一步怎么做，又或是询问眼前人，看看他会有怎样的建议。这样既能够促进交谈互动，又能让对方知晓你处在什么样的状况下。另外，在他人对你倾诉时，自己应当保持认真在听的状态，这也非常重要。

仔细倾听的前提是在大多数时候要先把自己的需求放在一边，如果没有权衡好，事情往往会向与自己意愿相左的方向发展。学会倾听，也是我们达成目标的捷径。

"四雅" 之雅俗共赏：会说是职业竞争力

第一节 要会说话，更要说好话

人类文明的进程离不开沟通，企业的和谐发展同样也离不开沟通。

众所周知，孔子授徒三千，建立儒家思想；马可·波罗将中国文化传播到欧洲；玄奘到天竺取经，从而引进了佛教，这些早期传播文化的方式均离不开沟通。

对于企业管理而言，过去需要沟通，现在需要沟通，未来更加需要沟通，企业只有有效沟通才能够存活和发展，人与人之间进行有效沟通，才能把工作做好。

有效的沟通，则需要人们会说话，更要说好话。

2014年1月14日，《解放日报》连续刊发了一组与公务员有关的文章，引起了许多人的关注。一位曾在上海市级机关工作的年轻公务员，发来一篇关于他辞职的文章。文章中道出了公务员面临的收入低、压力大、晋升难的现实问题。

这位曾经的公务员也指出：晋升，除了能力以外，更重要的是会说话，说好话。

可见，会说话在工作中如此重要。那什么是会说话？

其实，会说话指的是在合适的时机对恰当的人说出最恰当的话。

为什么人们都喜欢会说话、说好话的人呢？

实际上，人本能地喜欢听好话。听几句好话，心里暖暖的。

"说好话"是立足之本。对领导或者群众说好话，并不是一味地、毫无原则地奉承、讨好对方，而是在守住法律和道德底线的基础上，为对方送去温暖和友爱，让我们的自身变得有价值，工作更加有意义。在领导误解时，我们应不骄不躁，耐心做好解释工作，用真诚的话语说服对方。

其实，会说话、说好话，是一种立足职场的能力。它能使自己心想事成，从而使工作处处顺利。掌握说话的技巧，不仅可以影响他人，也可以掌握事情的大局。懂得说话技巧者，能在山重水复中柳暗花明；掌握说话技巧者，能在进退两难时左右逢源。

因此，会说话、说好话，能够使自己迅速说服他人，赢得合作机会，受到领导的赏识，得到同事的拥戴，为自己赢得更好的岗位，让自己的成功之路更加顺畅。

古人云："取法乎上，仅得其中；取法乎中，仅得其下。"如果每一位公务员能够时刻坚守自己的岗位，忠于自己的职责，以"说好话"为标准，时刻为组织考虑，正视自身价值，为群众、为组织谋幸福，那么，这样的人也一定是幸福而快乐的，因为他领悟了工作的真谛。

诚然，一个人的成功，一部分取决于知识和技能，另一部分取决于沟通的能力。人与人沟通的主要媒介是语言，不同的语言会产生明显不同的沟通效果。那究竟怎么样才能说好话呢？

1. 培养良好的沟通表达能力

工作中，无论是工作记录、广告文案、发表演说、主持会议还是商业谈判，均属于沟通。培养清晰、精准、高效的表达能力则是每一位职工所应具备的能力。

因此，职工可以多看有关逻辑、修辞能力、声调以及肢体语言的书籍。此外，多看报纸，了解时事，包括自己专业以外的知识，多与人沟通，勤练习、多注意观察、多锻炼自己的反应能力，和别人说话时学会看"脸色"，揣摩别人的心理，生活中处处皆学问。在此基础上融合所学的知识，融会贯通，从而日积月累地提升自己的说话能力。

2. 把握说话的时机

把握说话的时机，则要求我们做到成事不说。成事不说即领导已经决定的事情自己不要随意评价。如果自己的确有可以帮助企业发展的有效建议，可以在领导决定之前提出。工作中，明确自己的地位和价值，不要给出超越职权的建议和想法，这是对领导最起码的尊重，也是职工应具备的修养道德。

此外，在工作中，对于已经发生的事情要既往不咎，应具备海纳百川的胸怀，和同事保持友好的关系，只有这样才能收获完美的人际关系，才有以后成功的基础。

3. 掌握说话技巧

要掌握说话技巧，不妨参考以下几条建议：

首先，说话落落大方，尽显品德修养。

其次，与人交谈时，切忌出风头，认真倾听对方讲话，待对方讲话结束时，自己再发表意见。如果是跟自己仰慕已久的领导讲话，则需大胆、自信，不要紧张，让领导赏识自己的说话能力。

最后，"兴趣是最好的老师"。找一位表达能力较强的名人，反复听他的录音，学习他的表达能力。

诚然，随着企业的不断发展，企业越来越渴望得到能说会道的职工，会说话、说好话在工作中起到了越来越重要的作用，一句好话可以化干戈为玉帛，一句好话可以让企业对手变成战略伙伴。

说好话，百利无害，说得多了，对方听着舒服，自己也舒服。多说好话，把人的善行发挥到极致，把话说得美、说得动听、说得有理、说得感人，让说话助成功一臂之力。工作之中学会"说好话"，才能使企业更加团结、和谐。

第二节　要打动别人，则要用心说话

任何人、任何时候，做任何事，都离不开用心。用心去爱，用心做事，用心做人，踏踏实实，兢兢业业，这样我们的生活、工作、家庭才能够快乐、顺利、幸福。公务员亦如此，想要成为一名让群众满意、让组织满意的公务员，离不开"用心"二字。

所谓用心，指集中注意力；使用心力；专心。语出《论语·阳货》："饱食终日，无所用心，难矣哉。"

用心说话，则要求公务员嘴里表达真心话。任何人都渴望听到真心话，因为真心话，是智慧的，对他人有启发和帮助，是避免得罪人、赢得群众和组织好感的一种方法。人们通常所说的表里如一，心口如一，都在强调"心"的重要性，必须是真心。

日常生活和工作中，我们说话要通过心过滤一下，话不能乱讲，说之前要用心衡量一下。古人讲"慎言慎行"，即人不能随便妄言。不谨慎说话，总要为说出的话而付出惨痛的代价。

那么，我们该如何用心说话呢？不妨从以下几个方面做起：

1. 心平气和，用心交流

我们与同事、领导交谈，有别于做报告。我们须敞开自己的内心，与对方进行心灵上的碰撞。这就要求我们每一个人能够以平等、不卑不亢、轻松愉悦的心态和对方交流。敢于将自己的内心表达出来，以诚相待，让同事和领导感受到自己是在用心说话，而非敷衍，更不是欺骗。

在尊重对方的基础上，敞开心扉交谈，切忌唯我独尊、自以为是。谈话时，千万别将自己的观点强加于对方身上，当自己的观点遭到对方反驳时，我们一定不要大发雷霆，盲目地狡辩，而是用心平气和的态度与之交流。

用心说话，不是个人的单独演讲，而是与同事和领导的有效沟通。我们应保持心平气和的态度与对方交流，也需要用同样的态度倾听对方讲话，这是尊重同事和领导的最好表现，让对方感受到自己的真诚，从而打动对方。

2. 保持健康的体魄

从我们的身体结构来看，心脏在身体内处于第九层。由外而内，一个人的身体经络通达，基本的框架构建完成才能进入心脏，因此，用心说话离不开健康的体魄。假如身体不健康，从心到口，则会产生很多阻碍，致使心口不相连，无法真实地表达出自己的内心所想。

如果每个人都能保持健康的体魄，敞开心扉说话，也就减少了"出口伤人"的概率。用心说话，感动自己，也会感动他人。

3. 以理服人，以德感人

"动之以情，晓之以理"出自于孔子的《论语》。这句话的意思为：用感情来打动别人的心，讲道理使他明白。人与人相处，需要以情感人；人与人讲话，离不开以理服人。以理服人，即用道理来说服别人。

以理服人，则要求我们讲话必须围绕"理"字展开。自秦朝之后，任凭时代变迁，我国一切法制规章都围绕着一个"理"字展开，即力争实现民主化、公平化、公正化、公开化的局面。

因此，我们说话应在"理"的基础上进行。日常生活中，我们经常听到这句话：你怎么不讲理？指的是这个人讲话的方式或者内容让人无法接受。每个人讲话需要情景互融、雅俗相合、学用共促，这能体现我们良好的道德修养。做一名好员工、好同事，我们就要提高与人说话"讲理"的水平，谈吐柔和的说理易于入耳生效，更好地打动别人。

笔者曾经遇到了一个智者，他说话的语气非常平和，讲道理从心娓娓道来，让听者入心，就是批评人的话，也能穿透人心，让犯错者反省，不断改正出现的错误。

我们讲话也要讲究合律而论，会心会意。讲话合情、合理、合法、合规律，我们就不容易说错话、伤感情、违原则。每个人需要坚持"大道理管住小道理、小道理服从大道理，坚决不说歪道理"这项铁的原则，坚持做到以理服人，以德感人。

4. 真诚的、温暖人心的话语更能打动人

无论你是公务员还是国企员工，无论你所处的工作环境如何变换，岗位如何调整，坚守为组织服务、用心说话的理念不能改变。我们都不喜欢摆谱说大话的人，因此，我们理应区分谈话对象、具体事宜，用心调整说话思路，有针对性地说话。

要做到一切为他人着想，用真诚的话语，温暖对方的心。说话过程中，不要觉得自己见多识广，而自以为是，自诩高人一等，对他人随意指责和批判。随意指责他人，只会让对方产生恐惧心理，甚至逆反心理，双方之间的距离越来越远，难以达到谈话的目的。因此，我们应抱着把同事、领导都当朋友的心理与之交谈，推心置腹地交换个人意见，感动他人，赢得对方的信任和好感。

此外，"用心讲话"也要实事求是，我们要有一说一、有二说二，不把蚊子说成大象，也不把大象说成蚊子，不夸大，不缩小，把最真实的情况，以真诚的态度告诉对方。

5. 用幽默的语言打动他人

无论生活还是工作中，我们不能总板着脸与人相处，很多时候需要幽默。幽默会使自己的工作变得更容易。有了幽默感，我们可以在一种非常融洽的气氛中彼此交流思想和看法。缺乏幽默感，谈话就往往变得十分单调和枯燥。

懂得幽默是才智的表现，幽默地说话可以使人与人之间的关系更加和谐，

拉近两人之间的心理距离，也能益智明理，让人感到温暖。

6. 用心说话，衷心祝福他人的成就

成就感是每个人都很注重的东西。懂得赞美对方的成就，将对方所取得成就的祝贺和赞扬很好地表述出来，让对方获得强烈的心理满足，真诚地祝福他人，也能体现出公务员良好职业操守的最根本的一面。

例如，同事取得一定成就时，我们发自肺腑地夸赞他，我们为他的成功而自豪，可以说："听说你完成了这个项目，真有能耐，许多人都完成不了，唯独你做到了，太棒了，真羡慕你。想必工作过程一定很艰辛吧，多注意休息。"

让对方感受到自己衷心地祝福他、关心他，为他取得的成果而高兴，让对方感受到自己存在的价值，从而打动别人，赢得同事的好感。

"用心讲话"，看似简单，实则艰难。每个人需把"用心讲话"作为"发扬优良作风，加强自身修养"的一个重要任务加以确立，把"用心讲话"作为我们与同事友好相处的法宝，努力成为让群众满意的人民公仆。在"用心说话"中锻炼和成长，始终成为推动社会文明与进步的动力。每个人从加入公务员队伍的那一刻起，就应时刻谨记"用心说话"的理念。

第三节 会说话的人，能把话说到对方心窝里去

无论是国家公务员还是国企员工，均来自于人民，公共组织也是人民的组织。因此，我们应扎根于人民，服务于组织。让组织满意、把话说到人民的心窝里去，更是每一位国家工作人员应遵循的原则。

著名成功学家林道安曾说："一个人不会说话，那是因为他不知道对方需要听什么样的话；假如你能像一个侦察兵一样看透对方的心理活动，你就

知道说话的力量是多么巨大了!"

实际上,说话是将信息传递给对方的过程,能否将自己想表达的思想、意见成功准确地传递给对方,从而引起对方的共鸣,是说话的基本要领,能把话说到对方的心窝里,拨动人民的心弦,才是真正的会说话。

人人皆知,汉语博大精深,有着无穷的魅力。古语说得好:"一言以兴邦,一言以丧邦。"这充分说明了语言的强大力量不容小觑。

墨子的学生曾经问墨子:话是说得多好,还是说得少好?

墨子从容地回答:你看田里的青蛙,整天叫个不停,却没有人理会它,而公鸡每天只在天快要亮的时候才叫一两下,人们却都很注意它。可见,话不在于说得多,而在于说得有用。

的确,话不能多说,更不能乱说,话要说到人的心坎上。正如垂钓者,需将蚯蚓、虾肉作为鱼饵钓鱼,才能使鱼上钩,因为那是鱼爱吃的食物。假如,垂钓者不使用任何鱼饵或者没有把鱼爱吃的食物当作鱼饵,那么他一天的收获必定很少,甚至为零。

由此联想到工作中,如果一个人只顾自己滔滔不绝地讲话,而不在意对方的感受,那么他所讲的话,一定难以说到对方心窝里去,更加不会博得对方的好感。我们经常遇到这样的事情,在谈判的时候,自己费尽心思和对方谈判,但是磨破嘴皮也达不到预期的效果,而别人居然能够凭借精简的几句话,轻松说服对方,从而达到谈判的目的。

可见,能抓住对方的心理,把话说到别人心窝里是一种人际交往的能力。话说得是否到位,能否让对方认可,对自己完成任务的成败有着至关重要的作用。因此,在日常生活中,尤其是在工作中,我们要想把话说到对方心坎里,就必须学习和掌握一些基本的技巧。打动人心的说话方式,是让双方从陌生到熟悉的引擎,是双方顺畅交流的开始,也是国家工作人员在社交场合中脱颖而出、左右逢源、顺利地成就事业的关键。

1. 懂得察言观色,掌握说话的主动权

由于个体差异,每个人的思想和感情,通常都包含在习惯性的动作和神态之中。学会察言观色，掌握说话的主动权，给对方充足的"面子"，方可赢得对方的好感。通过面部表情了解对方的情绪，当对方的脸上出现皱眉、抽搐、眨眼等神态时，则可以判断出这种神态的背后潜藏着什么样的情绪。

大家也许都有这样的生活体验，有的人在行为上、物质上热心地帮助了别人，但由于在特定场合下措辞不当，最终使对方的感激之情烟消云散，化为乌有。由此足以可见说话的重要性。

2. 多赞美对方

美国著名的哲学家詹姆斯曾经说过："人类天性的至深本质就是渴求为人所重视。"其实，每个人都喜欢听自己想听的话。那么，对方想听什么，我们就说什么，这是与人沟通的基本要领，也是最有效的谈话技巧。这样不仅能够拉近双方的心理距离，也能够赢得他人的好感。这是迅速缩短心理距离的最简单的策略。

我们要多揣摩对方的心理，多赞美对方，从而达到交际谈判的目的。

例如，当别人滔滔不绝地谈论他的专长时，或他所取得的成就时，我们只要适当地提出与内容相关的要求，那么对方答应我们的可能性就会非常大。

其实，每个人都有这样的心理，当别人有求于己时，只要赞美自己，尊重自己，自己一般会满足他人的需求。

综观古今中外，我们不难发现，凡是家喻户晓的名人，多是些精通言谈之道的"语言高手"。例如，战国时的苏秦凭过耳难忘的场面话游说列国，促成合纵抗秦的联盟；三国时期的诸葛亮借令人动容的交心话舌战群儒，最终说服孙权联刘抗曹等。这一系列的成功，无不与会说话有关。

因此，作为国家公务员，无论在哪个部门工作，永远代表着公共组织，想要胜任本职工作，就要努力使自己成熟起来。而成熟的显著标志则是具有较高的职业道德，那就需要一心为民，心系组织，让打动人心的话成为提高自身道德修养的重要砝码。

"四雅"之正声雅音：敢读是职业向心力

第一节　脱稿演讲是领导干部的必备技能

语言最大的力量体现在影响他人，而作为领导干部我们所需要影响的人更多、更广泛。正常情况下，领导干部的正式讲话主要有两种形式，一种是念稿式的讲话，一种是脱稿式的讲话。

就当前社会现状而言，无论企业还是单位当中大多数领导干部讲话都偏重于念稿式讲话，而临场发挥式的讲话比较少。这种情况导致员工很容易对领导产生误解，认为领导的讲话是形式上的，而并非发自内心的真实表达。

身为领导干部，脱稿演讲可以说是生存发展的必备技能，如果我们不能练就脱稿演讲的能力，那么我们就会不断拉大自己与员工之间的距离。

脱稿演讲，是指在上台演讲时不念讲稿，不看题词，完全凭借自身能力进行的演讲，现如今，这种演讲形式已经成为一种新风，吹遍了中国的每个角落。吹走了那些频频出现的官话、套话，吹走了那些形式主义。

然而，提起脱稿讲话，目前很多领导干部仍会无所适从，因为大多数领导干部是在照本宣科的过程中成长起来的，习惯了稿件的支撑，突然提出脱稿演讲的要求，如同撤走了他们最大的演讲支柱，从而产生恐惧脱稿演讲的状况。

社会在进步，社交活动越来越频繁，需要我们对公众讲话的情况不断增多。这就要求领导干部直面观众，用出色的口才，真实的情感，传神的表情和身势语去影响和征服听众。其实，我们完全没有必要对脱稿演讲产生恐惧心理，因为从以往的演讲经历中，我们可以总结出很多脱稿演讲的技巧与方法，实现出口成章的脱稿表达。

很多情况下领导干部是在依靠自己的才智进行演讲稿的准备，发表讲话也是领导干部的基本能力，脱稿演讲看似困难，但只要我们发挥出自己原有的能力，便可以获得比念稿式讲话更好的演讲效果。

首先，因为大多数念稿式演讲是一种单纯的个人表达，看似条理清楚，内容丰满，实际上我们并不知道自己演讲过程中存在的各种不足。而脱稿演讲则可以完全规避掉这种情况，在讲话的过程中形成多项互动，便于及时把握话题的方向，从而增强我们的演讲效果。

其次，脱稿演讲可以摆脱念稿式演讲中可能出现的各种尴尬局面。当我们进行念稿式演讲时如果中途被人打断或质疑，则会在很大程度上影响到随后的讲话。甚至使精心准备的稿件全部变为废纸。而脱稿演讲则不会出现类似的情况，正是因为我们没有稿件的格式规定、条理限制，所以我们可以在遇到特殊情况时尽量灵活变通，选择更好的方式走出困境，并根据情景发展适时转变，提升表达效果。

需要注意的是，脱稿演讲并非简单的演讲方式转变，而是需要一定的联系与积累。要想做好脱稿演讲，首先就要具备广博的知识，还要有敏捷的思维能力，除此之外，克服心理紧张也是十分重要的，一旦上台发言，领导干部应该充满自信，精神放松，只有这样，才能尽情发挥自己的水平。否则，本来有能力进行脱稿演讲的领导干部，也会因为心慌意乱而口笨舌拙，表达不好自己想说的话。

在脱稿演讲时我们需要规避一些念稿式讲话的习惯，例如讲话过于官方，过于格式化，而且我们需要讲对方想听到的话，最能够触动对方的话。脱稿演讲最大的优点就是自由，我们可以不拘泥于形式、气氛，而作为主导者不断调动讲话气氛。

领导干部在日常的工作、生活中努力提升脱稿演讲能力，可以从以下几点进行行为规范与练习：

首先，一些官方会议能不开则不开，一些过于官方的话能不讲则不讲。同时在一些会上我们尽量放弃格式化、官方化的演讲方式，学会与人互动，养成多聆听多总结的习惯，形成一种交流的氛围，练习自己的脱稿演讲能力。

其次，提倡领导干部在工作过程中，实现脱稿工作。除去一些必备的数据报表和总结报告之外，其他工作多练习个人表达、个人总结能力。尤其是在一些讨论场合内，切不可手拿各种资料边读边争论，而应该融合稿子的内容，使用不同的方式进行表达。

最后，领导干部应该多与员工进行沟通，多了解不同的沟通方式，提升自己的表达能力，这种能力在脱稿演讲中会经常使用，可以让我们的脱稿演讲更加出色。

《人民日报》曾发表过一篇名为《领导干部要端正"话风"》的报道，报道中明确提到：

唐代李世民曾说："言语者，君子之枢机，谈何容易？"领导干部参加各类会议，往往要在各种场合发表讲话。但一些干部却不把讲话当回事。须知，领导干部的讲话，对形成良好政风和社会风气，有不小的影响。明是非、辨荣辱，把风气搞正，把作风搞实，端正"话风"是一个重要方面。

那么，领导干部该如何讲话？至少可以参考三条：

一是不讲假话。真话是最有力量的。话要有人听，首先就得"真"。

二是要讲短话。一些领导干部喜欢说长话、开长会，视讲短话、开短会为工作不上心，这种看法是片面的。

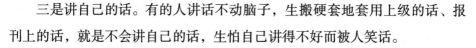

三是讲自己的话。有的人讲话不动脑子，生搬硬套地套用上级的话、报刊上的话，就是不会讲自己的话，生怕自己讲得不好而被人笑话。

将这三点明确融入我们的各种讲话方式当中，我们便可以获得良好的脱稿演讲能力。这种能力之下，领导干部可以大幅度拉近自己与下级的距离，大幅度增强谈话效果，可以在很多情况下，巧妙解决发展过程中的各种问题。

第二节 说实话办实事从脱稿演讲做起

美国总统林肯曾说过："我不喜欢听刀削式的、枯燥无味的讲演。"相信这也是很多人的心声。官方古板的讲演如今能够对人们起到的激励作用越发微小，而且太过格式化的讲演让人感觉过于空洞，毫无实际意义，从而认定讲话之人只懂得形式主义，而不会说实话办实事。

我认为说实话办实事是可以从脱稿演讲做起的。特别是身处领导干部位置的管理者，脱稿演讲可以展现出一种人格力量，可以更直接地将我们的思想、品德、感情、修养传达给他人，对他人产生极大的影响。

说空话与说实话最大的区别就在于听众的触动感不同，很多领导干部在进行演讲时喜欢"一切从理论出发"，说"官话"、"套话"，然而这些讲话方式真的可以获得良好的沟通效果吗？真的附带激励作用吗？真的会让听众认为我们在真心实意为其带来帮助吗？当然不可能。所以，我们想成为他人眼中的真诚之人，就一定要学会脱稿演讲，并且将脱稿演讲运用到我们的生活当中，让身边的每一个人感觉到我们的真诚。

脱稿演讲能够起到的感染效果大大优于念稿式讲话。这主要是因为脱稿演讲能给人以直抒胸臆之感，让对方真实地感受到自己的讲话内容，并时刻吸引着对方的注意力。美国哥伦比亚广播单位"早间新闻"播音员、哥伦比亚广播网"奥斯古德"系列主讲人查尔斯·奥斯古德深有体会地说:"念稿子远不如讲话好。后者是发自内心的。即使它显得不够流畅,但效果反而更好。"

很多领导干部认为,脱稿演讲会令自己缺乏底气,如果遇到忘词的情况会比较尴尬。然而我们可以试想,所谓的忘词只是在针对稿件,我们忘记的也是稿件之上内容。当稿件消失后,我们还有什么可以遗忘的呢?

捷克女学者卡尔瓦绍娃对此专门进行了研究。她认为,脱稿演讲比念稿更加从容自由,并且更容易表达自己的真实观点,使语言生动形象,引发听众联想。

事实证明,脱稿演讲的确发挥着这样的效果,如今越来越多的领导干部开始推崇脱稿演讲的方式。哥伦比亚广播公司董事长杰科斯基有一次在洛杉矶参加基督教和犹太人全国会议的颁奖仪式上遇到了这样的状况。

杰科斯基精心准备了演讲稿,因为他的颁奖对象是娱乐大师唐尼·凯亚,他希望为唐尼·凯亚带来一段精彩的颁奖仪式。然而当唐尼·凯亚走上颁奖台之时,做的第一件事并不是接过奖杯,而是拿走了杰科斯基的演讲稿,并对杰科斯基讲道:"不要念,说点你最真实的感受吧!"

僵持了一会儿后,杰科斯基开口了,他完全抛弃了自己格式化的演讲稿,甚至连其中精心准备的演讲内容都抛弃了,而是真实表达了内心激动的心情。这种表达效果非常好,加上娱乐大师唐尼·凯亚幽默诙谐的沟通方式,当时全场轰动,所有人对杰科斯基表达了深深的敬意与欢迎。

其实,大多数听众不喜欢听一些枯燥无味、言之无物、浅薄乏味的冗长讲话。所以脱稿演讲无论是从性质上还是方式上都可以最大化地打动、吸引听众。脱稿演讲其实和念稿式演讲是相同的,因为我们都需要提前做好准备,确定自己想要表达的内容。身为领导干部的我们一定要努力提高自己的讲话能力,尽可能地运用脱稿的方式表达自己的各种总结性观点。也只有这种深入到听众内部的表达方式才会让更多人有所行动。

前美国总统小布什在一次访问匈牙利的过程中突遇大雨。当时小布什已经在匈牙利国会大厦前的科苏特·拉约什广场上准备好向群众进行书面讲话。数千人在瓢泼大雨中看着演讲台上的小布什，等待着他的发言。然而小布什上台后第一个动作非常惊人，他将演讲稿高高举过头顶，然后哗啦几声把它撕成碎片。随后笑容可掬地讲道："朋友们，演讲稿太长了，为使大家少淋雨，我决定改为即兴讲话。"这一动作赢得了无数的掌声与欢呼，虽然随后小布什进行的演讲非常简短，但是起到的效果非常好，所有人都被小布什简短的讲话感染了，并且感触很深。

试想，如果小布什仍然照本宣科发表长篇讲话那么他能够收到什么效果？相信绝对达不到后者的1/2。

所以我们一定要明白讲实话、做实事是可以从脱稿演讲开始的，而且脱稿演讲完全可以给我们带来很好的效果，让我们的人格、品质得以最大化体现。

身为领导干部，很多人为了体现自己的能力往往拼命运用哲学原理构建讲话框架，而这些固定的框架造就了太枯燥的念稿式演讲者，从而忽略了听众的理性思考。往往这样的讲话方式收到的都是相反的沟通效果。

综观经典的领导干部讲话，我们可以发现即便辞藻并没有那么华丽，却依然可以发人深省，可以让每一位听众有所触动，进行传播。而这往往是脱稿演讲之下产生的效果。我国古代著名诗人白居易写诗之后，会读给很多听众，直到上至老年妇女，下至学龄儿童全部听懂之后才会将诗句定稿。这种方式非常值得我们学习，如果我们的脱稿演讲也可以从全部听众的角度出发，那么我们的价值观、思想内容传播则会更加有效。而我们在听众眼中的形象也会更加高大。

讲话是做事的基础，脱稿演讲则是讲实话办实事的起点，当我们学会即兴讲出内心想法之后，过多的敷衍，过多的负担则会随之消失，我们的工作、发展才会更加有力。

第三节 脱稿演讲是实力的展现

与念稿演讲相比，脱稿演讲则能展现出一个人的实力，从脑、眼、手、思维和情感五个方面，均能展现出一个人的综合实力。

1. 脑

众所周知，一心不可二用。人的大脑有一个功能，能根据事情的轻重缓急，将注意力聚焦在最需要关注的事上。这种能力是工作的需要，提高专注力能够提高工作效率。因此，人在念稿演讲时，大脑只能高度集中精力看文字，认真阅读，生怕念错声调、读错语句，这样读出来的效果十分平淡，不生动，难以带动听众的情绪，达不到演讲的效果。

而脱稿演讲，则要求演讲者具有良好的文字功底以及表达能力，在大庭广众之下依然能够尽情发挥，丝毫不怯场。能快速组织语言，将要讲的内容绘声绘色地准确表达出来，语言生动形象，能够刺激听众的大脑，从而振奋听众的内心，让听众发自肺腑地认可自己的观点。可见，脱稿演讲能体现出演讲者从事脑力工作更胜一筹。

2. 眼

念稿演讲，则需眼不离稿。如果眼睛不离开稿件，演讲者则无法与听众进行眼神交流，无法看到听众的表情。而演讲的效果，有时20%取决于有声的语言，80%取决于无声的语言。眼神的交流就是无声语言的一种。眼睛是心灵的窗户，目光中流露出的情感语言有着极其重要的作用。优秀的演讲，必定离不开祥和、亲切的目光语言。而脱稿演讲则可以与听众进行眼神交流，传达自己对大家的关注和善意。

另外，演讲者如果紧张，当他看到台下观众诸多时，势必会因不知把目光如何安置而窘迫不安。如果眼神发虚或东瞟西望，就会让听众产生一种不踏实的感觉，由此一来，演讲者的胆怯、紧张情绪就会一览无余，自然得不到听众的认可。这就要求脱稿演讲者能够大方、自信地与听众进行视觉交流，让听众感受到精神上的愉悦与放松，给听众以亲切、真诚、老练、潇洒的印象，这是念稿时眼睛只盯文字所完全不能达到的效果。可见，脱稿演讲比念稿演讲在视觉交流方面做得更好。

3. 手

念稿演讲，自然离不开手，当手持演讲稿时，双手则无法做出有效的肢体语言。在演讲中，手是活动范围最广，活动幅度最大的部位，它包括从肩膀到手指的活动，还有肘、腕、指、掌各部分的协同动作。手势是肢体语言的一个重要组成部分。

演讲时的手势是多种多样的，手势的作用也不容小觑。美国心理学家艾伯特·梅拉比安说过："人的感情表达由三个方面组成：55%的体态，38%的声调及7%的语气词。"这说明了肢体语言的重要性。手势具有一定的规律可循，按它的运用方式、意思大致可以表现出如下效果：

首先，手势能够表达演讲者的喜、怒、哀、乐，使其具体化。比如：讲到高兴愉悦的事情时，演讲者拍手称快；讲到令人气愤的事情时，演讲者双手握拳，不断颤抖；讲到令人着急、担忧的事情时，演讲者双手互搓。我国教育家陶行知先生说过："演讲能使聋子看得懂，则演讲之技精矣。"利用手势能很好地将事情的意境表达出来，刺激听众的视觉感官，让听众时刻跟着演讲者的表达走，起到良好的演讲效果。

其次，手势能起到指示作用，它可以使听众看到真实的事物。比如讲到"你"、"我"、"他"或"这边"、"那边"、"上头"、"下头"时，都可以用手指一下，让听众更加清楚明了所指对象。

最后，手可以用来模仿事物，让语言更形象。比如演讲者到"5英寸的手机"时，用手比画一下，大家便可明了手机的大小。

可见，不同手势所表达的含义也不尽相同，这就要求演讲者时刻发挥聪明才智，将演讲内容表达得具体、生动、形象。没有灵魂的手，再强烈的感情也无济于事，与念稿演讲所带来的枯燥效果相比，脱稿演讲更要求演讲者具有良好的肢体表达能力。并且能够在实践中融会贯通、运用自如。

4. 思维

文字稿，必须结构严谨、思路清楚、语言流畅，且有字数限制。当念稿演讲者阅读时，稿子限制了思维和语言，由于时间有限，如果不能在规定的时间能顺利读完，结果可想而知，演讲必定以失败而告终。

而脱稿演讲，在心里组织好演讲语言、思路以及大致的结构框架，能够在现场发挥，及时调整自己的思路和时间，并且能够根据现场听众的反应情况而及时调整，时刻以成功的演讲为基准，在演讲现场做到收放自如。

思维与演讲有着密不可分的关系，演讲是思维活动的结果，如果思维不清晰，则无法清楚地阐述个人观点，思维能力是口语能力的重要基础，这就要求脱稿演讲者具有很好的思维能力。

5. 情感

念稿演讲者，只顾看文字，只求顺利念完，那就无暇顾及情感的交流。然而，演讲是一种公共活动，必须抒发感情。能够合理地表达情感，才能够引起听众的共鸣。诚如古罗马哲学家贺拉斯所说："你自己先要笑，才能引起别人脸上的笑；同样，你自己得哭，才能在别人脸上引起哭的反应。"而庄子也说过："不精不诚，不能感人。"可见，演讲者不但要富有情感地演讲，更要具备真挚的情感。

只有这样，才能有效地将情感表达出来，达到与听众情感互动的目的。这就要求脱稿演讲者具有很好的表达情感的能力以及把控能力。

总之，脱稿演讲要求一个人具有优秀的综合素质，要让听众在欣赏演讲过程中，心理和行为在短时间内受到影响，快速认可自己的观点，产生共鸣。所以说脱稿演讲是自身实力的展现。

"四雅"之才望高雅：能写是职业战斗力

第一节 怎样有效地写作

公文是党政机关、企事业单位和社会团体处理日常工作的重要工具。公文的种类主要包括命令、议案、决定、公告、通告、通报、报告、请示、批复、意见、函、会议纪要。

有效地进行公文写作对于提高工作人员的写作水平以及办事能力有很大帮助。公文写作是公务员的一项重要基本技能。但许多人反映最困难、最烦恼的事情就是公文写作。主要是难以确定写作思路，不知如何下笔。

写作并非一件易事，需要经过长期的训练才能够实现。怎样才能做到妙笔生花、落笔成章呢？笔者认为可以从以下几个方面做起：

1. 加大阅读量，观察他人的写作手法

"读书百遍，其义自见。"苏轼认为读书须在熟读、深思上下苦功："故书不厌百回读，熟读深思子自知。"只有多读，才能掌握优秀文章的写作手法和技巧。写作不仅要将组织的实际情况与组织精神联系起来，还需将相关的各种知识融合在一起综合运用。若是没有丰富的知识和扎实的基础，很难

写出好文章。

因此，我们平时可以多看一些书籍，多读一些报纸，在阅读的过程中学习他人写作的技巧，若作者有好的开头或者结尾，我们可以借鉴还可以进行仿写。在阅读的过程中，不要只是为了"看"而看，要对好文章进行思考与分析，文章的亮点在哪里？它为什么会出彩？并将作者出彩的地方剪辑下来，分类整理，保存成册，积累大量的词汇和写作素材。再恰到好处地把自己积累的语言文字，经过加工锤炼，融会贯通，巧妙运用。长期坚持，必能提高写作能力。

2. 加强自身理论修养

公文是具有法定权威性和现实效用的文字材料，各级领导机关通过制发公文来部署工作，传达意见和决策，顺利展开工作。因此，我们必须提高自身理论知识和职业素养。搜集资料和写作过程中一切从实际出发，坚持求真务实，对资料进行归类和研究。这样才能有效规避写作过程中主观意识所带来的弊端，才能客观地、理性地写出组织满意的公文。

古语有言："治天下国家，必本诸身，其身不正而能治天下国家者无之。"治国需身正，公文写作同样有异曲同工之妙。因此，平时我们要提高自己的思想境界和修养，加强自己多方面的文化科学知识和素养，这是有效写作的主要因素之一。

3. 反复修改锤炼

文章不厌千回改。公文是"三分写，七分改"。好文章不是写出来的，而是改出来的。清代著名小说家曹雪芹曾批阅十载，增减五次，才成就了今日的经典——《红楼梦》。修改是写作极其重要的一个环节，且不容忽视。我们对公文修改的过程，就是检验和综合运用写作知识与技巧的过程。很多人由于不善写作，没有养成善于修改文章的好习惯，只是草率地将写完后的公文交予领导。绝大多数情况下，并不能让领导满意。其结果是，一方面，需重新修改，耽误工作；另一方面，给领导留下了办不好事的坏印象。

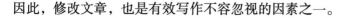

因此，修改文章，也是有效写作不容忽视的因素之一。

4. 培养语体及运用能力

语体是指在不同领域，针对不同的对象，进行交际时所形成的使用语言体系。

我们所接受的教育导致我们写的文章语体偏向于文学，但是在社会上，组织所需要的公文语体偏向于书面化、实用性，这与我们平时所写的语体截然相反，需要加强锻炼和培养。

想要熟练运用公文语体，则需要培养对公文语体的感悟、运用技巧，这需要反复实践练习。另外，还要注意一点，即文章的格式。写文章，首要是把握好文章的格式，并且在文中能够体现出来。这样才能使写出来的文章书面化、规范化。

5. 多练习

一般而言，文章是表达思想的，是人们思维活动的具体体现，是智慧的结晶。任何文章都有其潜在的意图，公文也是如此。我们写作一定要站在满足组织与群众需求的基础上，一切从实际出发进行写作，疏通文章脉络。

有效地写作，并非一日之功，同样没有捷径可言，需要一点一滴慢慢积累，掌握写作技巧，积累写作经验，勤学苦练才能达到要求。

无论是草拟报告、材料，还是写公文，都不要放过一点一滴的机会，进行练习，尽量写出有分量的稿件来。写作离不开草稿，草拟之前，要了解稿件的用途和目的，掌握重点，明确主旨。确定主旨后，写作便会轻松很多，然后根据文章结构、层次，将内容添入进去就完成了。写完后，不要以为万事大吉，一定要认真进行检查。检查文章是否有重复、语句是否通顺，对拿捏不准的词句反复推敲。

民间有句话："万事开头难。"只要我们坚持下去，我们的写作能力势必会得到领导的认可。

鲁迅先生谈自己的写作体会时曾说："文章应该怎样做，我说不出，因为自己的作文，是由于多看和练习，此外，并无心得或方法的。"

有效写作须时刻谨记：常看胸中有本，常写笔下生花。

第二节　写作中的常见病例

在机关单位，从事公文处理工作，压力大，稍有不慎，便会造成严重的后果。正所谓失之毫厘，谬以千里。公文作为承载一定意义上的公共关系的重要工具，其作用不容小觑。因此，在工作过程中我们需努力提高公文写作水平。

为了将公文的作用发挥到极致，我们需了解公文写作中常见的病例，从而在写作中尽量避免类似错误。

公文写作常见病例主要有以下几个方面：

1. 繁缛冗长

冗长，是指废话多。公文写作应简练、辞达而理举，故无取乎冗长。

工作中，人们看到繁缛冗长的公文，在没有仔细品读的情况下，会以为内容精彩，十分有水平。犹如会议中，大家往往会误认为领导的讲话时间越长，越能彰显出领导的能力。

殊不知，公文写作，需精练，文章只需能够诠释出组织所需即可。无须为了使公文看起来"有水平"而七拼八凑，增加了公文的字数，却减弱了公文的可读性。

因此，我们应该学习一种精练、简要的方法，将冗长的表述规避掉，让语言力透纸背，让语义传达通畅。

写公文最好的方式是开门见山，直接进入主题，简单明了，让人一目了然。在这方面，我们可以向古代的文人学习，他们无论是写诗还是写文章，内容都比较简短，但是主旨鲜明。如《论语》全文的总字数只有 1.1 万多字而已，对于现在来讲，1 万多字大约只相当于报纸的一个版面。

为了使文章得体，要将冗长无用的东西删减，根据内容需要，该长则长，该短就短。好比人的身体，要想匀称好看，不仅要有血有肉，还要保持身体各个部分不要太过突兀。如出现头重脚轻、构架不够丰满等情况，都要尽量避免。

2. 空洞无力

对于形式主义的公文，我们早已见怪不怪。但我们却不能那样写，公文写作忌长而空，提倡写短文。

为了避免文章空洞无力，我们必须做到以下几个方面：

首先，应在生动活泼、新鲜有力的马克思列宁主义文风的基础上进行写作，参考可靠的资料，开门见山，少说空话和套话；内容应清晰，言之有理，这样才能写出好公文。

其次，注意公文的效用。写作中，应先了解公文的真正意图，再思考如何突出重点，结合组织的实际情况进行写作，将公文的目的和意义表现出来。

最后，在公文写作中，内容需充实，语言简洁流畅，努力深化公文主题。禁止华而不实、夸大事实，甚至弄虚作假、欺上瞒下。

3. 结构混乱

公文写作中，最忌讳思路不清晰，结构混乱。

我们应多思考，根据公文意图，合理安排和利用资料，使公文成为一个有机的整体，脉络清晰，一目了然。因此，在公文写作中，要多检查层次是否清楚、主次是否分明、内容是否全面、衔接是否得当等问题。

4. 一文多事

一件公文，只要一个主题；公文撰写一事一文，禁止一文多事。在写作中，不应贪图写作速度而忽视公文质量，写作内容不能偏离公文主旨，时刻以一事一文为中心。

《庄子·骈拇》中有这样一段话："长者不为有余，短者不为不足。是故凫胫虽短，续之则忧；鹤胫虽长，断之则悲。"主要意思是做事情要根据需求进行，野鸭的腿虽然短，但是给它接上一段，它会发愁；而仙鹤的腿很长，但是截去一段，它会悲伤。

公文也是如此，一篇公文本来阐述一件事情，却肆意提及多件事项。势必影响文章的效用。

诚然，写作中的病例不容忽视，没有质量的公文势必对我们的工作造成影响。这就要求从事公文处理的工作人员严谨有方，一时的麻痹大意，将会造成满盘皆输的局面。

第三节　如何正确使用专业术语

专业术语是指在特定领域中一些人对一些特定事物制定的统一的称谓。专业术语存在于各行各业中，职场公文写作同样需要运用专业术语。公文专业术语是人们在长期公文写作过程中逐渐形成并使用的术语。公文专业术语能够将公文的意思准确无误地表达出来，同样专业术语的运用能够充分发挥公文的作用。公文的作用不容忽视，甚至是不可替代的。对于公共组织而言，公文在行政管理方面占有极其重要的地位，离开了公文，组织的行政效率也会受影响。

因此，我们要重视公文专业术语，并且学会正确使用它。总体来说，公文的专业术语可以分为以下几类：

1. 专用词语

写公文时，要根据不同的行文对象选对恰当的称呼，切不可随意选用。使用第一人称，可用"我"、"本"等；使用第二人称，可用"你"、"贵单位"等；使用第三人称，可用"他"、"该"等。

公文领序词的使用也各不相同，如，"近悉"、"惊悉"、"欣悉"、"谨悉"等。若有请求或期盼在公文中呈现，可用"请"、"敬请"、"恳请"、"劳烦"等。征求他人的意见或者建议时，可以使用"当否"、"可否"、"是否可行"、"是否恰当"等。

在公文中阐述自己的意见或者见解时，可以使用"我认为"、"应该"等。若是上级领导对下级进行告诫，可使用"以此为戒"、"引以为戒"等词语，但是若是下级向上级递交公文，最好不要出现这样的字样，以免引起上级领导的反感。

对公文所述内容进行补充，可以使用"另外"、"还有"等词语。若是下一段要进行过渡，承接上文、转接下文，可以使用"综合上述"、"据此"、"故此"等词语，使文章显得简洁凝练。

公文中还会出现时态词，以此表示时间状态，常用的词语有"目前"、"不久前"、"顷刻"、"现在"等词语，此时我们可以使用"据查"、"据反映"、"根据"、"对照"等词语。

在公文结尾，尤其是一些通知、通报的结尾常使用"特此通告"、"为要"等词语。

2. 数词

数词常用来表示人或者事物的数量，也可以表示事物的先后次序。随着市场竞争越来越激烈，无论是企业还是各机关单位越来越重视方方面面的工作，尤其是对事物的指导分析，由此，数词在公文中的运用越来越受到重视。

数词的种类可以分成以下几种：

基数，用来表示事物个数的多少。如"一"、"二"、"千"、"万"等。

序数，表示事物的次序的先后。如"首先"、"其次"、"第一"、"第二"等。

分数，是指一件事情所占的所有事情的比例。常用"几分之几"表示。

表示倍数，但是不确定具体数目，可以用"若干"、"多少"等字眼表示。

所表达的事物增加或者增多，可以用倍数或分数表示，如"人口数量比去年增加了一倍"、"产品销量比上季度增长了30%"；但是事物数量减少时，最好用分数表明，不要用倍数，如"产品销量比上季度减少30%"。

数量增减一定要注意后面是否有"了"、"到"之类的词，如果有，则意义不一样。增长到是指所增长的数值包括原有的数目，而增长了则不包括原有的数目。

若不能确定数目的数量，可以用数量词近似值表示，在数字的后加上"左右"、"上下"等字，还可以在数字前加上"大约"、"近"等词。

写作时，一定要学会正确运用数词，对同一事物的表述一定要一致，不要自相矛盾。使用相关数据时，要进行深入调查，最好保证数据精确。

3. 人名与地名

在写作中，人名与地名的出现是不可避免的，但是一定要注意对人名、地名的表述。若第一次出现地名，特别是国外的，一定要冠以国家的名字；如果是国内的，一定要加上省、自治区、直辖市的名称，以免他人误解。一定要注意一点，所出现的地名一定要精确表述，以防出现差错。

出现的人名一定要冠以职称，而且出现的职称、姓名一定是全称，职称最好与公文内容相关。

4. 模糊词语

模糊词语是指公文中出现的词语具有模糊性、不确定性。例如，进行工作总结，"在过去的一年，我们取得了很大的进步"，这里的"很大"就属于模糊词语，它没有确定性，难以精确说明。但是这里的模糊词语与平时含糊其词的语言有着本质区别，一定要注意且认真掌握模糊词语的规律和用法，科学运用。

公文中的专业术语各有各的用法，在写作的过程中一定要注意使用，不要张冠李戴，闹出笑话。一定要弄清楚每一个专业术语的含义，如果用错，会影响公文内容的正确表达。一定要会区分各个相近专业术语的意义和使用界限，若不注意区分，在使用时容易出现错误。

如"签发"与"签署"，若不认真区分，在写作过程中会出现错误，甚至会使公文的意义发生改变。"签发"是指送往上级的请示、报告或者机关单位负责人在定稿后面签字同意印发。而签署则是以行政首长的名义发布的公文，经过签字或者加盖印章才能发出。

根据不同的职权范围和行文，选择恰当的专业术语。例如，面对上级的行文，在表述过程中使用专业术语一定要尊重，有诚意，并且说话委婉。若写作时，出现纰漏，会造成错乱，影响公文的内容和质量，甚至会引起上级领导的不满，造成不必要的损失。

不同的公文有不同的专业术语，不懂专业、不懂专业术语的人，很难写出好的公文。想要写好公文，就要掌握专业术语并加以正确运用。这就需要我们坚持不懈地努力，在长期的实践中成长。

第四部分

"六达德"是职业修养之始

"达德"一：勤奋是职业道德之苗

第一节 不在现场流汗就什么也得不到

无论做何事，都离不开勤奋。

勤奋，即不畏艰辛、认真踏实地做好一件事，它是一切成功的"垫脚石"，更是祖先留给我们的精神瑰宝。

作为一名公务员，应当按照权限履行公务员义务，勤奋工作，努力提高工作效率。我们身为国家工作人员，拥有较好的福利待遇，工作稳定，造福于组织和群众。但是，如果我们不勤奋工作，放纵自己，只会影响组织工作效率，甚至形成官僚作风。

为了提倡公务员勤奋工作，认真履行工作义务，我国《宪法》第二十七条第一款规定："一切国家机关实行精简的原则，实行工作责任制，实行工作人员的培训和考核制度，不断提高工作质量和工作效率，反对官僚主义。"

我们每个人必须严格遵循《宪法》规定，争取做一名"让人民满意的公务员"。公务员无论在什么岗位从事什么工作，其宗旨均以组织和人民的利益为重，服务社会。这些都离不开勤奋工作。

工作中，我们往往羡慕拥有真本事的领导。其实这些能力，都是他们通过勤奋换来的。任何事情都不会一蹴而就，任何本领并非一朝一夕的努力便可获取。在工作中，我们想要拥有卓越的本领、傲人的智慧、崇高的人格，只能通过勤奋工作而换取。

成功没有捷径可走，一步一个脚印，才能登上人生巅峰。

中国唐代文学家韩愈说：业精于勤，荒于嬉；行成于思，毁于随。

在工作中更是如此，我们一定要保持勤奋、努力的态度，它能够为我们带来许多意想不到的收获，尤其是身兼重任的国家工作人员，如果不能勤奋工作，就无法为公共组织创造价值，无法实现自身价值，更不会为群众谋幸福。那么，我们的工作就毫无意义。

然而，现实工作中，有许多公务员抱着得过且过的心态，认为自己既已加入公务员队伍，便可高枕无忧，从不曾用心工作。有些人善于在领导面前装作十分忙碌，但其实并没有真的工作，用忙碌的假象欺骗组织；有些人不愿多做一件分外事，能逃避绝对逃避，能转交给别人的事情，自己绝不插手，下班后在办公室多待一分钟都极不情愿；有些人无法跨越为自己定下的"鸿沟"，认为自己做不到，不断打退堂鼓；有些人对待工作十分敷衍，不会及时将群众的呼声反映给组织，做不到心系群众，为群众办实事。这样的工作状态，怎么能成为一名合格的公务员，怎么能履行自己的职责？更别提在工作中成就一番伟业了。

因此，我们想要在工作中实现自己的人生价值，为组织贡献力量。必须兢兢业业、勤奋工作。

（1）一要服从领导安排，听从指挥，干一行爱一行、会一行专一行，忠于自己的岗位。

（2）要深入实际，深入基层，了解群众的真实情况，解决问题。制订好工作计划，切实为群众服务，把群众中最迫切的呼声反映给领导，积极参与上传下达。努力让群众放心、安心、称心。

（3）时刻督促自己，严于律己。以高标准严格要求自己，以饱满的热情积极参与各项工作,无私奉献,努力做一名敬业、让群众和组织满意的公务员。

(4)努力做到"三勤":勤动嘴,虚心向同事求教;勤动手,勤奋工作,多动手,多做事;勤动腿,多深入基层做调查,及时将调查报告反馈给领导。

天才爱因斯坦曾经说过:"在天才与勤奋两者之间,我毫不迟疑地选择勤奋,她几乎是世界上一切成就的催产婆。"

如果你是一名充满工作激情或者拥有高效工作绩效,却仍然孜孜不倦、上下求索的人,那么,请你相信一步一个脚印将会引领你进入成功之门。

正如我国著名学者李大钊所说:"凡事都要脚踏实地去做,不驰于空想,不骛于虚声,而唯以求真的态度做踏实的工作。以此态度求学,则真理可明,以此态度做事,则功业可就。"

勤奋,是中华民族的优良传统,即使时代变迁,勤奋仍然适用于现代生活。只有勤奋、扎实地对待工作,才能将自己的潜能激发出来,在更短的时间内创造更多的价值。

那些缺乏事业心和勤奋精神的人,只能在他人的成功面前不断观望,在惰性中消磨自己的战斗精神,消耗自己的生命。

第二节　如何养成勤奋努力的习惯

勤奋,并不是与生俱来的特质,许多人之所以勤奋,是因为在生活中逐步养成了习惯。

贪图安逸会使人堕落,无所事事会令人退化,只有使勤奋成为习惯,积极行动起来,才能扎实工作、锐意进取、无私奉献。

公务员作为代表国家依法执行公务的工作人员,肩负着行使政府行政权力、管理公共事务、服务群众等重任。因此，要想做一名优秀公务员，我们应该养成勤奋努力的良好习惯。

首先，通过勤奋学习，培养勤奋工作的好习惯。根据《公务员法》第四条规定，"公务员制度坚持马克思列宁主义、毛泽东思想、邓小平理论和'三个代表'重要思想为指导，贯彻社会主义初级阶段的基本路线"。因此，我们必须认真学习马克思列宁主义、毛泽东思想、邓小平理论、"三个代表"重要思想和科学的发展观、构建社会主义和谐社会的理论。通过不断学习，养成勤奋的良好习惯，从而督促自己养成勤奋工作的习惯，不断为组织创造价值，充分履行国家公务人员的责任和义务。

其次，端正自己的工作态度。"变则通、通则强"，保持勤奋工作的心态和习惯，在工作中，经常提醒自己不知足，十分重要。工作要求我们不断掌握新本领，为组织做更多的贡献，创造更大的价值。这就要求我们绝对不能做一个贪图享乐、安于现状的"废人"，必须勤奋工作，努力使自己成为所从事领域的技术骨干和为社会创造价值的"有用之才"。

最后，有想法，敢行动。养成勤奋的习惯需要我们该出手时就出手，不够勤奋的人大约分为两类：一类是有想法，但是不敢付诸行动的人；另一类是有想法，但是不愿意付诸行动的人。

1. 不要停驻于想法

有许多人明白"先苦后甜"、"付出越多，收获越大"的道理，但是实际行动中，这些道理往往变成了一种"臆想"。面对一些自己觉得没有能力完成的工作，就想将工作推给别人，这样的想法总在左右着我们的行动，使我们的勤奋、努力变得时有时无。

笔者有一个朋友是学绘画的，有一天他告诉笔者："我准备画一幅关于江南渔乡的绘画作品。"几个月后笔者和他偶遇，问道："你的画怎么样了？""不怎么样，"他的回答令笔者很吃惊，"我还没有动笔。""没有动笔？"看着他无奈的表情，笔者感到十分费解。

原来，这几个月他一直在构思，从一个季节等到下一个季节，从枝丫初绿等到秋叶泛黄，他始终在纠结，设计他画中的各个元素。一会儿他觉得这里不好，一会儿又觉得那样设计效果不佳，最终几个月过去，画作一直没有动笔。

其实，对于任何事情，我们都应该保持该出手时就出手的状态，倘若爱迪生当初一直苦于选材，没有动手试验，那么电灯的问世会推迟多少年？所以，养成勤奋的习惯需要我们该出手时就出手，不要一味想象。

2. 时刻提醒自己拒绝懒惰

很多人会有这样的想法：即使身边的朋友觉得我生活得很好，但只有我知道，我的生活其实非常糟糕，比如在工作中遇到困难时，总会有出现"别人会做，我何必自讨苦吃"的想法。事实上，这正是一种懒散态度，一个人的懒散态度是他控制力强弱的最佳体现。试想，一个人萎靡不振，整个人看起来无精打采，对待工作也一定没有活力，自然不会有业绩。

3. 有计划地去做任何事

在工作中，很多人的勤奋都是"一时"的，无法持之以恒，究其原因只有一个字——累。为什么我们会感到累？为什么我们常常被工作折磨得晕头转向？真的是工作不适合我们吗？其实并不是，很多人之所以觉得累，是因为没有将工作简单化、条理化，没有养成良好的工作习惯，对工作内容没有规划，无法在千头万绪的工作中找到重点，高效解决问题。

所以，从现在开始，每天将自己的工作任务、目标、进度等信息进行记录，安排好我们的日程，不要完全依靠自己的记忆力，要知道"好记性不如烂笔头"。

由于公务员工作涉及面广，信息量大，仅靠个人头脑记忆信息，并非有效的方法。因此，我们应时常准备一个便于携带的小本子，将有用的信息和工作计划记录下来，并坚持下来，养成良好的记录习惯。只有将自己的任务安排得井井有条，才能更快完成工作，才不会感觉到累，长期坚持会让我们变得勤奋。

4. 不断提升对自己的要求

我们的工作能力会随着工作时间的延长而增加，这是亘古不变的道理，但是当我们达到一定程度的时候，千万不可以沾沾自喜。在自己取得一些成绩的时候，为自己树立一个更大的目标，不断激励自己去奋斗，去实现自己的梦想，这样才能给自己足够的动力保持勤奋努力的习惯。

总之，养成勤奋工作的良好习惯，关键在一个"久"字，我们要坚持不懈，锐意进取。

第三节　坚持勤奋学习始终不动摇

坚持勤奋学习是取得成功的必备因素。它犹如一条红线，贯穿始终，是长久不变的意志表现。如果一个人想在工作中有所作为，就必须依靠后天的努力，勤奋、坚持，这样他才有可能超越原来的自己。正所谓"骐骥一跃，不能十步；驽马十驾，功在不舍。锲而舍之，朽木不折；锲而不舍，金石可镂"！由此可见，具备恒心、坚持不懈的人才有可能战胜一切困难，直至成功。

勤奋学习精神的内涵随着时代前进的步伐不断丰富，国有企业工作人员培养坚持勤奋学习的精神，必须坚持以勤奋学习精神的时代内涵来要求自己，产生不竭的动力，促进企业组织在创新的基础上得到持续发展。因此，在当今激烈的竞争环境下，国有企业人员发扬始终勤奋学习的精神必须坚持一个原则，即将勤奋学习精神与改善工作绩效相统一。

可是，工作中绝大多数人做不到坚持勤奋学习。一个原因在于，他们认为学不到东西，反而是在浪费时间，对工作没有帮助。而有的人甚至不认同企业组织文化，将坚持学习抛在脑后。而另一个原因在于，勤奋学习不是一朝一夕的事情，学习中感到枯燥是在所难免的，很多人都因半途而废，最终一无所获或收益甚少。不少人知道提升自我很重要，但是事情多了，工作累了，为自己找的借口也增多了，从而变得十分懒惰。甚至，有的工作人员在工作上取得一定成就后，骄傲自满，停止了学习。究其根本，就是缺乏持之以恒的精神。

一个人想要养成坚持勤奋学习的良好习惯需从以下几个方面做起：

1. 改变思想，提升个人能力，激发坚持学习的动力

"贫富差距加大"、"物价飞速上涨"已经成为当下生活的真实描述。生活在这样的社会环境下，许多人开始感叹收入低。而改善自身生活质量的关键在于自身，必须要从提升自身的能力入手。

人只有通过努力使自己的潜能得到最大程度的发挥，把自身的各种资源最大化地利用，获得最大的利益，这才是取得高收入的基础。但实际生活中并不是每个人都能很容易获得这些东西，因此人就必须进行自我提升，而提升能力的关键，在于坚持勤奋学习。

收入水平低在某种程度上是因为个人能力所限，但是能力有限从根本上说还是观念问题。没有提升能力的意识，没有发展自我的观念，最终导致了他们的能力停留在较低水平，生活质量始终得不到改善。所以要解决低收入群体的根本问题不能停留在依靠外界的帮助上，需从改变思想，提升个人能力做起。只有唤醒了我们的自强意识才能从根本上提升我们的能力，才能彻底改变我们的收入现状。

任何事情都是有原因的。综观社会各类低收入人群，往往存在一些共同特点：

首先是没有理想，没有追求，浑浑噩噩混日子。这样的思想意识必然会导致不吃苦、不奋斗、不努力的结果。改变他们的意识已经是促进低收入群体发展的头等大事。

其次是没有时间观念，闲暇时间比较多。经常聚在一起聊家常，打游戏，甚至搬弄是非。而就在他们虚度生命的时候，其他人在为了生活而不断学习，不断奋斗。无论是知识的提升还是体力的付出，都是在做有意义的事情，都对生活的改善有帮助。而无论自身能力如何，不去开发应用终究会荒废。

再次是能力差，能力差是因为心灵的懒惰。不去思考如何提升能力，不去思考如何改善现状，怎么会在工作中取得一番成就，又怎么会有更好的生活？

最后是没有自强意识，把自己的生活寄托在社会的救济和亲友的帮助上，殊不知，嗟来之食和救济得来的帮助怎么能成为生活全部的追求？

因此，要摆脱低收入的困境，还是要从自身做起。利用勤奋学习来提升个人能力，不断地学习，不断地运用，坚持把学习到的东西与实践联系起来，与自己的实际工作联系起来。知识改变命运，通过坚持学习可以让自己跟得上时代瞬息万变的节奏。

2. 学习龟兔赛跑的精神，跑不过也要坚持跑

《伊索寓言》中龟兔赛跑的故事，可谓妇孺皆知，耳熟能详。传统思想认为：骄傲使人落后，虚心使人进步，做事情要踏踏实实才会取得成功。这固然不错，如果顺应时代的潮流来审视这场比赛，我们会发现这个故事给我们的启示是：面对强者不退缩，忍耐和坚持虽是痛苦的事情，但却能渐渐地为自己带来好处，即成功。

我们看过《动物世界》，所有弱势群体只有与强大的敌人赛跑，只有坚持拼命跑才有活下来的可能，不坚持跑就一点希望都没有；社会竞争也是这样，因为我们生存在竞争的时代，无论对手多么强大，成功机会多么渺茫，只有坚持不懈地强化自己的能力才能不落后，才能不会被社会淘汰。时下社会的各种竞争愈演愈烈，只有通过勤奋学习，不断地改造自己、完善自己才能变得更强，才能在竞争中生存，更可以在竞争中不断发展。

综观古今中外，但凡有成就的人，无不具有坚持不懈的精神。《史记》

这部鸿篇巨著被世人称为"史家之绝唱，无韵之离骚"，我们可曾知道，它是司马迁耗费了 17 年的时间，不顾宫刑的折磨，利用勤奋、坚持之心而换来的成果。第二次世界大战期间英国首相丘吉尔在面对德国法西斯的疯狂进攻时，理直气壮地对英国人民说："不要屈服，永远不可屈服。"仔细分析不难发现，这不仅是一句振奋人心的豪言壮语，更是坚持到底、永不放弃的战斗精神，坚持者能在命运风暴中奋斗。无论学习、工作还是战斗，想要取得成功，就要做到持之以恒。

人们总是只看到成功人士的光环，并没有看到他们坚持前进的果断与艰辛，因为他们坚持得更久，付出的更多，跑得更快，所以收获的更多，也越成功。通常人可以安逸地一觉睡到天亮，而想要成功的人即使睡觉也不会停止思考。

坚持勤奋学习始终不动摇，需要持之以恒。在任何条件下，都向着自己的奋斗目标坚持不懈地努力，永不退缩。如果在学习中总是给自己找借口而放弃学习，那么这个人在工作中也难以取得成功，知难而退，半途而废，是不会打开成功之门的。

"达德"二：习惯是职业道德之果

第一节　提前到单位，做好清洁工作

古人说，酷烈之祸多起于玩忽之人，盛满之功常败于细微之事。能提前到单位，把清洁工作做好，是一名优秀员工的基本素质。

而"千里之行，始于足下"说明走一千里路，是从走第一步开始的。也比喻做事情要从头做起，逐步开展。提前到单位上班，做好清洁工作，这就是我们工作"千里之行"的第一步。

提前到单位，可以让我们有更多的时间做准备，更早地进入工作状态，这能提高我们的工作效率。做好清洁工作，既是分内之事，也是对自己负责。在干净的环境下工作，心情也会很不错，收拾东西的过程也是收拾心情的过程，这样工作的每一天都能有个良好的开端。

我们总会仰望星空，有时却忘了脚踏实地。好高骛远从来都不是什么好事，可我们总会犯好高骛远这样的错误。类似细节决定成败、不积小流无以成江海这样的道理我们都懂，但难在身体力行，难在真正反省自己是否真的做到了。一屋不扫何以扫天下？"扫一屋"与"扫天下"看似是两码事，却关联甚大，连一个屋子都不想去扫，很难想象这人怎会有"扫天下"的能力与勇气。提前来上班，做好清洁工作不就是在"扫屋子"吗？

可能消极的人会说，未来会有各种不能确定的变故，现在的准备拯救不了什么。须知很多未来的结果都是现在的努力所造成的，而即将发生的事情往往我们都能做好准备。不管刮风还是下雨，明天太阳依然照常升起，我们周一上班基本上也不会有什么变故，那也有必要做好准备工作。很多时候我们不喜欢工作，它太枯燥无聊，又或许工作已是我们生活中的一部分，以致我们在无意间忽略了它，忘记很好地照料它，没做好相关的准备成为生活中的常态。

《礼记·中庸》中的这句"凡事预则立，不预则废"同样适用于工作，事情准备好就能成功，不然就会承受失败的苦果。如果每天的工作都能很好地完成，是成功的，那么我们的事业无疑会是成功的。谁都渴望成功，不喜欢吞失败的苦果。事业成功与否取决于你的开始，也取决于你工作的态度，提前来单位上班，做好清洁工作，不仅仅是清洁，更是对即将开始的工作进行准备。事情微小，但意义重大，我们不应视而不见。工作中点点滴滴的认真就是对成功的认真，这样才能得到成功的垂青。

忙忙碌碌是我们生活中的常有现象，可忙忙碌碌最后演绎出的结果是庸庸碌碌，这让我们很不解，为什么自己那么努力工作，到头来竟然以平淡的结局收场。残酷的事实展现在眼前，我们无法接受。不妨扪心自问，为什么忙碌？忙忙碌碌阴影下的我们，其实揭示了我们庸庸碌碌的真相。忙碌是因为我们工作之前什么都没有准备好，很多事情摆在眼前，我们想一股脑全做了，工作就忙忙碌碌地开始了。

提前来上班，做好清洁工作，是一个良好的开始，能培养我们良好的工作态度，良好的工作习惯。好的习惯是成功的一半，这也是一个量变到质变的过程，对我们的工作帮助极大，会使我们很容易规避、减少工作的心理周期变化影响。

通常来讲，我们的心理周期制约着我们的工作状态。处在心理周期的高峰时段，人的心情也会很好，工作就会很顺利；而处在心理周期低谷时，心情会变得很低落，事事不顺心，自然也会影响到工作。如果养成好的工作习惯，保持积极的精神状态，能够削弱自己心理周期变化对自己工作的影响，自己的工作效率并不会降低。

提前到单位，做好清洁工作既是工作需要，也是在为单位做贡献。这样的细微举动，在单位这个集体内能产生良好的效应。同事看到你的行为后，觉得你无私，很为大家着想，对你产生好感，有利于处理和改善自己与同事之间的关系，还能起到很好的带头作用。而当你提前上班在做清洁工作时的身影，进入老板或经理的眼中，他会认定你这个员工工作很积极，自然也对你留下了好印象。

做一件简单的事并不难，难的是天天做。关于一件简单的事有这样一个故事：苏格拉底给学生们布置了一个任务，每天甩手臂，甩 300 次。同学们都笑了，原因很简单，这太容易做到了。过了一个月后，有 90% 的学生在坚持，过了两个月后，还有 80% 的学生在做。等到一年后，苏格拉底在问学生还有几个人在坚持做时，只有柏拉图一人坚持了下来。从本质上看，甩手臂这样简单的事情跟提前到单位，做好清洁工作没什么区别。所以，我们也应该重视提前到单位，做好清洁工作这样简单的事。

好的习惯能在无形之中，督促我们继续保持，我们已经习惯这样做就不会有被强迫的感觉，跟我们的生物钟一样，到点自然醒，没有意识到在坚持，却是一直在坚持。没有意识到在坚持，也就不会感受到被坚持折磨的痛苦。

提前到单位，做好清洁工作应当为我们所重视，这是我们认真对待工作的第一步。见微知著，事情虽然不起眼，但所包含的信息量很大。我们往往认识真理，可没有实践真理，知是一回事，行是另外一回事。让知与行结合起来，现在就从简单的事开始做起。因为"高楼入云，始于一砖"。

第二节 提前计划，开会记录

良好的职业道德是每一个员工都必须具备的基本品质和素养，无论你从事什么职业，都应具备良好的职业素养。具备良好的职业素养，则离不开良好的工作习惯和从一点一滴做起的精神。

良好的工作习惯，是一名优秀员工所应具备的品质，是及时完成工作的重要前提，如果没有良好的工作习惯，就无法完成工作任务，更谈不上承担责任的表现。因此，我们必须重视良好工作习惯的养成。

那么什么样的工作习惯才算良好的工作习惯？如果把成功比作周瑜火烧赤壁的话，"东风"是机遇，良好的工作习惯就是"万事俱备"。良好的工作习惯存在于一点一滴，存在于所有事情环节的细微之处，是温婉含蓄的江南佳人，而绝非性格粗犷的北方大汉。对于我们而言，良好的工作习惯的范畴里就有提前计划，开会记录这两个条例。

如果做不到提前计划、开会记录，那么会议精神就无法得到充分执行。

工欲善其事，必先利其器。是说工匠想要使他的工作做好，一定要先让工具锋利，我们的工作也是如此。提前计划，能很好地安排布置我们最近一段的工作流程，看似简单，但却意义深远。提前计划，这需要我们对自己责任范围内的工作有非常细致的了解，分清轻重缓急，分配时间与精力按部就班地去完成。

通常在工作中，我们的领导会在不经意间问我们一些问题，回答不上来一次两次，自己也觉得尴尬，若是经常答不出，会给领导留下工作能力低下、开会不注意听等不好的印象。但自己经常答出来，很详细并含有自己的见解，绝对能让领导对你刮目相看。由此看来，提前计划与做好开会记录很有必要，不时之需有可能是我们升迁的机遇，没准过不了多久也能成为领导的左膀右臂。

优秀的员工在上班之前就已经开始为工作做好计划。其实我们都可以做到，只要有个好习惯，做到提前计划、做好会议记录，我们都可以成为自己心目中理想的好员工。

提前计划与开会记录是我们工作中必做的事宜，这是对工作负责，是对自己负责，重视它们才能被机会所重视。及时记录必要的工作信息，有助于准确运用各种有用的信息，帮助日常工作顺利开展。使我们更务实地去对待工作，为组织做更多的贡献。相信我们的付出终有回报的那一天，而我们也能成为对企业组织有用、对社会有用的人。

第三节　总结工作经验，不断提高工作技能

能力欠缺，缺乏工作总结，工作技能不足是许多工作人员遇到的问题。其实，娴熟的工作技能都是在不断总结工作经验的基础上获得的。

正如，人在小的时候，对外界事物非常陌生，也非常好奇，想要了解更多。跌跌撞撞地摸索着，虽说也有父母告诫的话语，但绝大多数是我们跌倒受伤之后才意识到规则，慢慢认识世界，这个过程叫成长。

其实，工作与我们小时候的成长一样，从刚接触一点也不熟悉到得心应手也是成长的过程。而这个成长的速度则依赖于我们是否善于总结工作经验，是否能不断提高工作技能。总结工作经验是提高工作技能的前提，两者也是循环反复的过程，最终受益的人就是我们自己。

我们单独拿总结工作经验这一点来说，从事发明创造的科学家们是总结工作经验的完美代表。科学家们在做实验的时候并不畏惧失败，对失败的原

因会进行剖析，哪怕是没有太多的依据，至少可以在自己下一次实验的时候避免使用先前的方法，那已经证明是错的。也有科学家在实验失败上千次后，能高兴地说："我可以重新开始了！"

这一点在"发明大王"爱迪生身上也发生过，而且绝对让人信服。发明了上千种机器的爱迪生，没有停止他不断发明的欲望，决意发明电池。可没想到这一个发明竟然耗费了整整十年光阴，300万元的巨资，失败次数多达5万次。当他的失败次数达到了8000次时，说道："唉，我至少知道了8000种不能使蓄电池工作的东西了。"

失败是成功之母，但前提是我们要学会总结经验教训，杜绝下次再犯类似的错误，否则失败的结果就显得毫无意义。总结可以让我们全面地、系统地分析了解以前的工作情况，认知到以往工作中的优缺点，更能够让我们查缺补漏，少犯错，提高自己以后的工作效益。

总结工作经验，是自我反省、改变错误的过程。而不断提高工作技能不仅仅是一种反省，也是精益求精的工作态度，积极进取的精神。想要成功，个人努力是前提，总结工作经验、不断完善工作技能则是唯一途径，别无他法。

总结工作经验、不断提高工作技能是我们都见过的话，但往往很难在我们脑子里停留过片刻，或是因为厌恶它的一本正经，太教条化；或是因为本身对这句话就没什么感觉，单单这一句话苍白得很，并没有说服力，我们记不住也在所难免。但是欧阳修笔下的卖油翁足以让我们对这句话有清醒的认识，忽视真理的存在，失败只会接踵而至。所以，成功需要走一百步，正视"总结工作经验、不断提高工作技能"这句话是迈出去的第一步，而做到它则是走向成功剩下的九十九步。

当今的时代，时局变化太快，我们要不断学习，不断在工作中投入大量的精力和时间。工作的内容不是一成不变的，想要一劳永逸根本不可能。停滞不前、消极怠工的结果是被单位所淘汰，被社会所淘汰，不会有第二种情况。工作的强度在增长，我们胜任工作的能力也应跟上工作强度增长的步伐，而总结工作经验，不断提高工作技能则尤为关键。这句话本身的意义就是学习，查缺补漏的过程也是一种学习，改良工作技能何尝不是在学习。

"温故而知新，可以为师矣"出自孔子的《论语》，仔细思量一番，它与总结工作经验有异曲同工之妙，换个思路可以察觉出新的东西，也能拓宽我们的思路。

在战场上，有"一个坑里不会落两枚炮弹"的俗语，但同样的错误我们会犯两次或是多次。正所谓"人谁无过，过而能改，善莫大焉"。我们在工作中出现一些错误也是在所难免，但因为自己工作上不上心，接二连三地犯同样的错误，在职场上是很糟糕的事。同事们会嘲笑自己，错误的事件成为他人的笑柄。而上司对自己生气，自然不会有什么好印象。最重要的是，也让单位平白蒙受损失，可谓损人不利己。像这样没有总结的错误，是毫无意义的投资。

总结工作经验、不断提高工作技能是每个行业的员工都要注意的事项，值得我们每个人去认真思考，认真去实践。每经过一段时间，定期回过头来看看曾经做过的工作，去寻找并发现自己的问题，问一问自己为什么会错，又应该怎么改进，这是我们在工作中成长最快的方法。发现的问题越多，自己的进步越大，随着时间的推移，自己的问题会慢慢变少，事业的道路却越走越顺，在我们不经意的时候，成功会为我们翻身。

从现在开始，重视总结工作经验，不断提高工作技能，坚持养成这样的好习惯，有利于我们的工作，更能让我们在不久的将来拥有意想不到的收获。

第四节　及时地向上级请示汇报工作

向上级请示汇报工作是我们日常工作中的一个环节，我们或是抱着忐忑的心情，或是抱着漠然的态度去做这项工作，但这确实是一个很好的与上级沟通的机会，也是在上级面前展示自我的机会。

一般来讲，上级领导工作中最苦恼的事情之一，就是根本不知道自己的下级员工都在做什么，做得如何。而自己工作总是安排得很满，尽管自己很想了解下级员工的工作进度，但时间很短，有心无力。而我们作为下级员工，也经常会揣测，自己的上级领导是不是有空听自己请示汇报工作，会不会听得不耐烦等。一个是没时间，一个只是在揣测，造成双方始终没有得到有效沟通，之间的隔阂变得越来越大，工作中的摩擦也多了起来，工作进度有退无进，彼此都很烦恼。

有时候我们因为工作上遇到困难，想不到方法去解决，这该如何向上级汇报，感觉会因此在上级领导面前出丑，十分头痛。在这种情况下，隐瞒或是推迟汇报都是错误的选择，而及时汇报才是正确的选择。我们对汇报工作这一概念在理解上多存在着误区，认为是上级检查我们工作进度的目的，其实汇报工作意义远非如此，它的目的是解决问题。也许对于我们工作上的困难，上级领导那儿本就有很好的解决方案，可让自己避免走弯路。退一万步讲，至少也能得到上级对自己工作的理解，不至于过分责备我们。

及时向上级请示汇报工作是我们日常工作中的一个环节，这是我们跟领导最佳、最合理的沟通渠道。但不见得我们每个人都会沟通，都掌握了很好的沟通技巧。比如，有时候同样一件事，我们去向领导汇报工作的时候，领导对我们的反应是："连这点小事都跟我啰唆，你自己看着办就行了"，换成别的同事时，上级的态度则有了180度的转弯，会说"很好，你对待工作很细致，很到位"。又如，有什么事情没有办好，因为事先没有向上司汇报情况，被上司责骂"为什么不提前通知我一声？你竟然自作主张，所有后果自己去承担"。换成同事则是"好吧，就按照你的想法去执行吧"！

同样的事情却有不同的结果，首先不要抱怨老板偏心，应该反思自己是不是在跟老板沟通的时候出现了问题。上级领导说我们很啰唆，是因为他真的没空也没兴趣听我们请示汇报事项的来龙去脉。啰唆代表着说了很多无用的话,什么是无用的、啰唆的,需要我们去分析判断。例如,在日常工作中,我们负责的是文书处理工作,墨盒用完了,上级领导需要的文件还没打印出来,领导要文件时,我们要回答的是过几分钟自己就送过去,而不是说打印机的墨盒用完了,自己去买墨盒,什么墨盒好用、什么不好用这样的话。上级领导看重的是结果,而不是过程。而墨盒用完了,问领导买什么墨盒就属于啰唆的话,并没有什么意义。在此可以看出,领导看重的是我们做了什么,事情最后的结果是什么。员工抱怨的是上级领导总是没耐心听完他汇报工作,而上级领导抱怨的则是员工汇报工作时,自己把握不到员工说的重点。为什么会这样,原因不言自明。

向上级请示汇报工作需要权衡的事项很多,如对不好的消息要及时汇报,报喜不报忧却是多数人的通病,尤其是所报失败事宜是自己一手造成的;还有,我们要学会主动汇报,这件事没做好,很容易被领导扣上不积极员工的"帽子"。须知,上级领导主动过问我们的时候,不是等不及不耐烦了,就是已经发现事情出了问题,否则上级领导不会注意到。及时,能消除很多问题的隐患,掌握请示、汇报工作的主动权在我们手上,应该好好把握。

做好请示、汇报工作,上级会知晓我们最近做了什么事情,工作进度如何,正在做什么。如果请示、汇报工作做不好,或很少做,领导潜意识里会认为我们最近做的工作很少,效率低下,自然也就产生了不满情绪。我们应该在上级面前,尽量提高自己的工作透明度,让领导随时知晓我们在做什么,进而很方便地指导和支持我们的工作。

汇报工作是我们下级的义务,听不听是上级的事情,一定不要担心上级没有时间听我们的汇报!请示是一回事,汇报是另一回事,不要在汇报工作的内容中夹杂请示的意思。上级关注到具体细节,会主动问我们,有什么问题和要求也会主动询问我们。汇报的次数要适当地增加,而请示的次数要尽量减少。因为汇报是分内工作,而请示多意味着超过自己工作的管辖范围,要越权之事，这并不是什么好的表现，很容易犯忌讳。而请示的内容里，"或许"、"应该"、"差不多" 这样的字眼要避免出现。再者，请示里不仅要有问题，更要有自己的解决方案和建议，至少两种以上的选择，我们都喜欢做选择题而不是填空题，上级领导也是一样，单独把问题抛给领导，突然面对问题，马上就要解决，领导也很棘手。

少请示并能在请示的内容中提出很好的方案；不请示，这说明我们在自己的工作管辖范围之内，平常例行的事项，能够主动完成，给领导汇报工作时，提交工作结果即可；请示很频繁，领导会认为我们工作能力不行，没有主见，起不到什么好效果。长此以往，我们的汇报工作逐渐变多，请示工作的方面逐渐变少，上级领导会认为我们是有担当、有魄力、有主见的好员工。

及时地向上级请示汇报工作能体现我们良好的工作态度，也是在领导面前积极表现自己的时刻。上级领导不会在开会讲话时注意到我们，而在汇报工作这样一对一的情况下领导才能正视我们。也可以说是展现我们工作能力的机会，既能让上级领导记住自己，工作又能顺利地进行，何乐而不为呢？

及时地向上级请示汇报工作，是与上级领导进行双向沟通的过程。领导也很乐意听我们请示汇报工作，这是他们工作的重要组成部分，彼此的工作都能得到顺利进行，很多困难可以迎刃而解。只要我们主动一点就能做到这些。

"达德"三：尊重是职业道德之花

第一节 尊重建立在行动之上

如果要放置一件物品，我们可以平放、侧放、倒放、抬高、压低，可以想怎么放就怎么放。但如果要与一个人或一群人相处，就不能想怎么处就怎么处了，必须利用社会公认的观念来规范自己的行为。尊重是把一个人合理放置在社会关系中的基本方式。尤其是在中国传统文化背景下，尊重是工作取胜的法宝。

为什么在组织管理中提倡尊重？

原因有二，一方面互相尊重对企业组织生存与发展具有重要的作用和意义，短期来看没有明显的效益，但从长期来看，互相尊重有利于维护正常的企业组织运营关系，能有效提高生产效率；有利于增强企业组织凝聚力，体现核心竞争力；有利于促使企业组织和谐，增强企业组织生命力，稳定人心；有利于扫清沟通障碍，最大程度激发员工的主观能动性。

另一方面互相尊重对不同的个体也发挥着巨大的作用，能帮助个人顺利完成工作任务，形成良好的人际关系，扫清个人发展障碍，获得他人帮助，使个人收益达到最大化，收获愉悦、幸福的人生。

在工作中，尊重工作、尊重领导、尊重同事，简称"三个尊重"，这是任何企业、单位走向繁荣的重要方针。无论从事何种职业的工作人员，需全面贯彻"三个尊重"的方针，不断增强企业竞争力，这对调动我们的工作积极性、提高职业道德素养、提高工作效率，具有极为重大的意义。然而，尊重不是说说而已，要落实在行动中。

1. 尊重工作

工作中不乏这样的现象，即我们认为自己所从事的工作低人一等，认为自己无法从工作中获取真正的价值，工作毫无意义，只是为了追求薪水而被迫工作。

正因为存在这种蔑视我们工作的心理，致使许多人缺乏工作激情、缺乏创造力，无法投入全部身心工作。殊不知，这种人无论从事任何职业，走到哪里都难以取得一番成就。因为工作无贵贱之分，任何合法的工作都是值得人们尊重与热爱的。但工作的心态却有高低之分。一个人能否具备良好的职业素养，与其看待工作的态度有着密切联系。

如果我们缺乏积极的工作态度，就无法正视自己的工作，无法在工作中实现自己的价值。反之，拥有积极工作态度的人，能够从工作中挖掘潜力，让看似卑微的工作，发出无限光芒。所以，职业态度决定职业价值，让我们从尊重自己的工作，从改变自我、开发自我、创造自我开始。

2. 尊重领导

由于领导在其分工负责的范围内做各项决定，他代表了整个企业的决定，而非个人的决定，理应受到我们的尊重。尊重领导并非恭维领导，而是尊重企业、支持企业发展的一种表现。

尊重领导具体表现在以下几个方面：

（1）发自内心地尊重领导。尊重领导，并非为管理阶层说话，而是为实现社会公平最大化、最优化说话。把应得的话语权交还领导，明确分工和合理工作的价值所在。

发自内心地尊重领导，首先，需要我们服从领导安排的任务，在遵纪守法的基础上，以尊重和维护领导权威的态度与领导交往。

其次，给予领导全部支持。在领导开会时，仔细倾听领导的建议，并携带纸笔做好会议记录。必要时，恰如其分地为领导查漏补缺。

（2）坚决服从领导的指挥。坚决服从领导是密切联系领导的重要一环。我们无论从事何种职业，必须树立起这样的观念：对领导做出的决定、指示和要求，应立即执行，禁止拖延、弄虚作假。需排除重重阻碍，认真贯彻执行。

需要注意的是坚决服从，而非盲从。服从是站在所从事的工作与领导所安排的工作目标一致的基础上，对于违背企业利益、国家利益的事情，坚决不执行。每一位员工都需做到服从而不盲从，这就要求我们在认真执行工作任务时，也应有自己的观点，明辨是非。

在向领导提建议时，必须在自己的职权范围内、在领导授予的权限内决定和办理事项，提出建议或方案。在提方案、建议时，一定要顾及领导的颜面，在尊重领导的基础上合理提出建议。如果提出的建议得到领导的认同，切忌认为和领导具有同等的能力。如果我们产生这种错觉，则容易造成骄傲自满的恶果。

（3）代理不等于职权。许多时候我们难免代理领导而执行工作，我们应明确自己的工作岗位，自己只是代理领导落实工作，而非真正享有领导的权利。我们在得到领导的授权后，处理相关工作时，遇到问题，理应及时向领导汇报情况，时刻将领导放在第一位。在工作中，我们应时刻谨记：授权不等于职权。

3. 尊重同事

尊重同事，和同事保持融洽的关系，为自己创造一个宽松的工作环境，是每一位工作人员所渴望的。

荷兰哲学家斯宾诺莎说过："人不会嫉妒树木的高大或狮子的勇猛，只会嫉妒一个地位与他相等、工作与他相同的人。"我们与同事行使相同的权利，做相同的工作，最容易滋生嫉妒之心，甚至丧失尊重同事的心理。

因此，我们一定要掌握尊重同事的技巧，远离嫉妒心理。尊重同事，并非让我们去盲目追捧和崇拜他人，更不是刻意地将同事的地位抬高，不是毫无原则地恭维，更不是用贬低自己的方式迎合同事需求，而是一种发自肺腑的态度，在同事取得优异成果时能够送上自己真诚的支持与鼓励；在同事失意时，我们能够站在同事的角度，多为同事考虑，向同事给予无私的鼓励与帮助，让同事感受到同事的关心、企业的温暖。

无论何时何地，以礼待人，进退有度，热情大度，无私关怀，这样的尊重才会让同事觉得舒服。

因此，尊重同事要求我们做到以下几个方面：

（1）在态度上尊重同事。当同事发言或者谈话的时候，要注意倾听，禁止随意打断，更不能以敷衍的态度对待。敷衍的态度很不礼貌，如果让同事察觉到，会让同事产生不被重视，甚至有羞辱之感。当和同事约定好时间协商事情时，自己应遵守约定的时间，禁止迟到或者爽约。如若不能赴约，则提前告知同事，并给予诚挚的歉意。

（2）在心理上尊重同事。在同事提出意见时，自己应善于听取同事的意见，"有则改之，无则加勉"。从内心里尊重同事，才能实施到行动中去。这样我们才容易走入同事的心里，与同事保持良好的关系。

（3）尊重同事的生活、工作习惯。由于每个人的生活环境和性格都不同，生活习惯更是自小养成，难以改变，往往是我们拥有什么样的性格就会拥有相应的生活习惯，而这种习惯在工作过程中难免会以不同的方式呈现出来。因此，尊重同事的生活、工作习惯，做到理解同事，会让同事觉得我们尊重他的人格和尊严，也会拉近同事之间的距离，产生更好的工作氛围。

（4）尊重同事的隐私。俗话说："打人莫打脸，骂人莫揭短。"每个人都把"面子"视为一件极其重要的事情。为了"面子"，小则翻脸，重则大打出手、头破血流的事件数不胜数。可见，许多人可以吃"闷亏"，但不能丢掉面子。

因此，与人交往，我们一定要尊重他人的隐私，给对方保留足够的面子。与同事的交往中，要保持恰当距离，不要随意触犯他人的隐私，以免被同事讨厌。所以，在工作中，不要随意打听同事的隐私。如果不小心发现了同事的隐私，应做到"守口如瓶"，不能将同事的隐私随意泄露出去。

诚然，从内心里尊重他人，才能付诸到行动上。

尊重他人，才能够得到别人的尊重。

在文明的工作环境中，我们要将尊重落实在行动中，做一名文明、有素养的员工。

第二节　由内而外地真诚表达

尊重，就是要尊重与人相关的一切权利与义务，让人可以享有应有的权利，能够更富有耐心地工作，并且发自内心地做好这份工作。尊重是企业文化建设中最重要的一个环节，若是企业缺少这一环节，那么企业就没有立足之地，没有发展可言。

很多人都明白的道理，很少有人能够执行下去。据统计，超过七成的员工表示自身承受的压力过于沉重，尤其是不被尊重。

《孟子·离娄章句下》中有这样一句话："爱人者，人恒爱之；敬人者，人恒敬之。"无论是对待他人还是做事情，只有真诚地付出，才会得到相同的或者更多的回报。

近现代法国哲学家笛卡尔曾说过与孟子类似的话语："尊重别人，才能让人尊敬。"如果不尊重别人，同样别人也不会尊重你。尊重并不是口头上的言语,而是需要用行动去证明,由内而外地真诚表达。

企业也不会例外,只有尊重员工,才会有更好的发展。从点滴做起,在工作中认真落实,积聚的力量才会越来越强大,才会获得成功,万科集团就是这方面的典型。

万科集团是中国有名的房地产公司,而万科集团能够蒸蒸日上与员工的辛勤劳动是分不开的。万科集团执行副总裁解冻曾表示:"我们不仅为员工提供发展的平台,更重要的是我们尊重员工,而且万科的文化就是倡导对人的尊重。"

万科集团的领导尊重员工并不是说说而已,而是从实际行动出发尊重员工。遇到问题,认真倾听员工提出的建议,若建议可行,赞美员工,用欣赏的态度肯定他;如果建议不可行,在拒绝员工时,一定会说明缘由,语气委婉,仍旧感谢员工,感谢他提供的意见。

因此,万科集团的员工流动率比同行业的其他企业要低。因为在员工看来,只有得到尊重,才能更好地完成工作。

无论是什么样的人,在内心深处都希望得到他人的尊重。尊重他人不仅是个人修养,还是文明地进行人际交往的表现。无论是在职场还是生活中,尊重他人都是一把打开成功之门的"万能钥匙",可以帮助我们更好地进行工作和交际。

但是,怎样做才是真正由内而外地尊重他人?

1. 人际交往

尊重他人首先会体现在人际交往中,而在人际交往中要遵循以下原则:

(1)平等互利原则。在人际交往中不仅要平等对待每一个人,还要互利互惠。互利不仅有物质上的,更重要的是精神方面的。

(2)诚实信用原则。一个人想要在职场中立足,最好、最快速的办法是用诚实信用征服每一个人。诚实是获取他人信任、尊重的前提条件,言而有信、认真做好每一件事情,才会使他人感到满足,得到尊重和重视。

（3）赞扬原则。在工作中，要善于发现他人的优点并学会赞扬鼓励，这样双方才会相互促进友谊，而且工作能力可以得到提高。

2. 在各方面尊重他人

每个人的内心都十分渴望得到尊重，因此无论在什么样的场合都不要忘记这一点。

（1）角色上的尊重。在人际交往过程中会遇到形形色色的人，这就需要我们不断地转换自己的身份与角色，在交往以前一定要了解对方的身份、年龄、职位等，做到有备无患。假如，对方是一位年长者，而我们是年轻人，在谈话过程中，说话不要过快也不要过于生硬，而要委婉，投其所好，讲一些对方感兴趣的话题。

（2）场合上尊重他人。场合能够提供各种各样的话题，能够为我们提供机会，但是要学会看场合，说恰当的话。如果是参加同事的结婚喜宴，那么我们可以讲一些笑话或者喜庆的话题，将气氛搞得热闹点。但是如果参加的是丧事，既不能讲笑话，也不能表现得兴高采烈，这会引起他人的反感，认为你不尊重他。

3. 工作上的尊重

（1）不要颐指气使。在工作中，不要表现出一副颐指气使的样子，交代其他人做事情给人的感觉是高高在上，这会使其他人心中不平衡，认为自己没有受到该有的尊重，在这种情况下易产生抵触心理，从而降低工作效率。

（2）善于运用礼貌用语。俗话说："良言一句三冬暖，恶语伤人六月寒。"使用礼貌用语，是尊重他人最基本的表现。一句礼貌用语，能够使双方的关系更加融洽，而且能让气氛变得更加融洽、和谐，特别是在社交场合，一句礼貌用语不仅体现一个人的涵养，更能够让对方感受到我们的真诚。

（3）认真聆听他人的心声。学会认真聆听他人的心声，了解他们的需求，并加以分析，才能够想办法解决他们的烦恼，避免工作中出现差错和疏漏。在他人讲话的过程中，不要轻易打断对方的话，这是不礼貌的行为，在

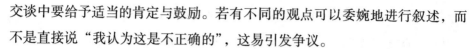

交谈中要给予适当的肯定与鼓励。若有不同的观点可以委婉地进行叙述，而不是直接说"我认为这是不正确的"，这易引发争议。

若他人在工作中出现错误，我们所要做的事情不是一味地指责，而是倾听他们的原因，这会使他人认为自己得到尊重，处理事情时更容易接受而不会出现抵触情绪。

4. 沟通上的尊重

（1）不说不该说的话。如果说了不该说的话，就需要花费大量的时间进行补救，但是他人未必会接受歉意。常言道："病从口入，祸从口出。"不注意说话，一个不小心就会造成无法弥补的过错，甚至会造成终身遗憾。因为口不择言，毁掉事业、危及生命的案例比比皆是，所以说出去的话语一定要在脑中思考再三。另外，还要注意一点，绝对不要口出恶言，这会使形势发生逆转，对自己而言造成严重的损失。

（2）情绪化时最好不要进行沟通。情绪激动时，是最没有理智的时候，而且还很冲动，此时与他们进行沟通，不仅讲不清楚、说不明白，还会造成无法挽回的事情。例如，对峙已久的上司和下属，处于情绪化的边缘，做事情不仅冲动还没有理智，不仅会使双方的关系急剧恶化，还会使事情加剧恶化，最终后悔当初所做的错误决定、所说的错误言语。

（3）学会理性沟通。理性的沟通是为了更好地解决事情，使事情有一个好的结果，但并不是将沟通变得更加激烈，这样的沟通是没有任何意义的。无论对方的反应有多么激烈，我们都要保持冷静，倾听他们的话语，直至他们讲完，冷静下来后，再表明自己的态度，说明自己的观点。

（4）学会承认错误。圣人都会犯错，更何况我们这些凡夫俗子，关键在于是否能够低下头承认自己的错误。双方在沟通过程中，假使一方始终不肯承认自己做错，那么最终的结果只会是不欢而散。抱怨、批评、责备则是沟通遇阻的罪魁祸首，而承认自己的错误是沟通的缓和剂，能够改善剑拔弩张的沟通氛围。

企业以"尊重"为文化，能够把各方面的人才汇聚到企业当中，形成凝聚力与向心力，将员工的命运与企业的命运紧紧绑在一起，荣辱与共，同甘共苦。

尊重他人，就是尊重自己，而尊重自己的背后大有文章。尊重自己不仅是对自己的肯定，还是对他人的肯定，只有用相等的尊重才能够换来别人对自己的尊重。尊重他人的劳动果实，还能够站在对方的角度替他们着想，欣赏他们的优点并进行赞美，不歧视他们的缺点，不揭露他们的短处，这样才会赢得他们的尊重。

我们只有持之以恒地坚持"尊重"，领导关心员工，员工体谅领导，企业才会形成良好的工作氛围，形成良性的互动，才能够上下一心，共创辉煌。

第三节　精益求精精神的培养

以精益求精为企业组织文化，就要求所有工作人员树立精益求精的思想意识，更要在工作中不断培养这种难能可贵的精神。培养精益求精的精神，离不开工作人员对工作的使命感以及强大的责任心。

在这个精益求精的管理时代，十全十美是许多企业追求的目标。只有事事求完美、做好细节，企业才能够增强竞争力。因此，工作人员只有培养精益求精的精神，与企业形成有效互动，才能形成巨大的力量，即企业竞争力。

精益求精，比喻已经做得很好了，还要求更好。

工作贵在精益求精。做到一厘一毫不放过，一丝不苟。差距往往就在"毫厘"处，问题也出在"毫厘"间。

工作中，因为马虎大意、疏忽、敷衍、偷懒、轻率而造成的沉痛惨剧在人类历史上更是随处可见。例如，由于工作人员的粗心，错将1000.00万元中的小数点漏掉，结果可想而知。正是缺乏精益求精的精神，才使得一个人工作粗枝大叶，给企业带来诸多不便。

作为一名具有良好职业素养的工作人员，对工作中的任何小事及细节，绝对不能采取敷衍应付的态度，这是缺乏道德修养、缺乏责任心的一种表现。这样的人怎会得到企业的信赖？

每个人做事都需要精益求精的精神，这意味着对待小事和对待大事应一样谨慎。工作中的许多小事都蕴含着令人不容忽视的道理，那种认为小事可以被忽略、置之不理的想法是错误的。正是由于客观因素，致使我们往往不能一次性就把事情做对，所以，我们要发扬尽量一次就把事情做对的精神。认真对待工作，不让工作出现任何差错。

以精益求精的精神去做事，更能够让企业处于不败之地。

沃尔玛超市想必大家都耳熟能详。沃尔玛作为美国的世界性连锁企业，以营业额计算为全球最大的公司。2014 年《财富》世界 500 强排行榜发布，零售业巨鳄沃尔玛重回榜首。

沃尔玛为什么能取得如此辉煌的经营成果？

除了它所销售的商品价格低廉以外，还有一个引人注目的特点，即提供"精益求精的优质服务"。为了将服务做好，沃尔玛公司制定了一系列具有可行性和操作性的管理标准。

有的标准甚至到了看似难以完成但又完美的程度。比如，要求所有工作人员必须做到："当顾客走到距离你十英尺的范围内时，要温和地看着他的眼睛，向他打招呼并亲切地询问是否需要帮助"；对顾客微笑时"露出八颗牙齿"，以最真诚的微笑示人，让顾客感受到家庭般的温暖。

这"十英尺态度"和"八颗牙微笑"体现了沃尔玛精益求精的服务精神。正是这种精益求精的精神使得沃尔玛公司能傲立于世界之首。

那么，在工作中，如何培养精益求精的精神呢？

1. 具备良好的道德修养

许多人忽略了很重要的问题，只工作不修德。只工作不修德犹如植树不扎根，蓄水不寻源，不但不能把工作做好，而且还会越做越差。

企业只是一个组织，组织由人组成，组织的核心是人。中国人崇尚道德。比如说，一个女孩子想要找对象，自古以来首先要选一个具有良好道德的人，若无德支撑，其他条件最终都是空谈。工作亦如此，如果员工不具备良好的道德修养，谈何担当重任？

提高道德素质，培养精益求精的精神，需从以下10个方面做起：

（1）无私奉献，减少索取，诚心实意对待他人、组织和社会。

（2）禁止趋利避害、唯利是图，为谋取利益而不择手段的事情坚决不做。杜绝"有利益就是父母，是兄弟、是朋友、是同事、是领导，没有利益就是路人"的恶劣思想滋生。

（3）禁止出现"过桥拆桥，用到别人时千依百顺，用不到别人时一脚踢走"的想法。

（4）与同事相处需有福同享、有难同当。从内心里感受到同事、朋友、家庭、组织、社会是重要的，当他人遇到困难时能给予帮助。

（5）禁止揽功推责，需提高工作责任心。无论是对他人、对家庭、对社会、对企业都要具备责任感。

（6）尊重领导、同事。

（7）真心待人、时刻为他人着想，将企业的利益放在首位。

（8）言行一致。需做到"言必出，行必果"。

（9）禁止拉帮结派。

（10）时刻能以大局为重，凡事能够对得起自己的良心。

提高我们的职业素质，需从这几个方面做起，企业要发展，则离不开工作人员的协作与帮助。

2. 第一次就把工作做好，绝不找借口

"第一次就把工作做好"是美国著名管理学家菲利浦·克劳士比"零缺陷"理论的精髓之一，也是培养精益求精精神的重要因素。

第一次就把工作做好，要求我们生产出高质量的产品，防止"错了再修改"的思想产生，杜绝为自己找借口，而不努力把工作做好的表现；对待看似微不足道的错误，也要高度重视起来，在最短的时间内将错误规避掉。

此外，我们每一个人要培育开放性思维，养成善于思考的习惯，多问几个为什么，多分析原因，多总结方法，为第一次就做好工作打好基础。

每一位工作人员能够养成一次做好工作的良好习惯，对于提高工作效率、完成高质量工作任务有着至关重要的作用。

因此，我们每一个人在做每一件事情前，要先思考如何做，途中会遇到什么问题。做好工作准备，减少出现差错的事情发生，做到防患于未然、精益求精。

第一次就把事情最对，禁止为自己找任何借口，凡事要做到问心无愧，形成一种追求精细、持续改进、力求完美的工作习惯和工作作风，这是我们每个人努力的方向。

任何一家竞争获胜的企业，都离不开做事精益求精的工作人员。没有精益求精、做到最好的员工，就无法给顾客提供高质量的服务，无法生产出高质量的产品。

当我们将精益求精、做到最好变成一种习惯时，就能从中学到更多的知识，积累更多的经验，不断地提升自信心。

养成精益求精的习惯，可赢得成功人生。

"达德"四：自信心是职业之根

第一节　自信心的自我暗示

在许多人眼里，公务员是"高地位、高稳定、高收入"的理想职业，稳定、有保障，拥有比较好的社会地位。由于"学而优则仕"的思想已经深入人心，做一名公务员，几乎是所有国人的夙愿。

因此，每年不计其数的人报考公务员，公务员职位一度面临"僧多粥少"的局面。然而，一些闯过千军万马惨烈竞争的公务员，却发现入职后待遇并没有想象的那么优越，工作压力大，收入不理想，于是渐渐地失去自信。

他们认为公务员并非像普通企业那样有指标、带领团队，更多的是不得不默默承受的一种无形的压力。此外，公务员面临加班、付出与回报不成正比等问题，部分公务员认为这是浪费精力，也有的人认为只做烦琐的事，埋没了自己的才华，感叹自己怀才不遇。久而久之，心生厌倦，找不到工作的动力，自己的人生仿佛失去了价值。殊不知，这是没有端正工作态度，缺乏自信的表现。

自信是公务人员难能可贵的品质，自信心是我们成功的精神支柱。缺乏自信心的人，只会一味地放纵自己，失去前进的动力。

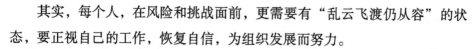

其实，每个人，在风险和挑战面前，更需要有"乱云飞渡仍从容"的状态，要正视自己的工作，恢复自信，为组织发展而努力。

恢复自信，需从以下几个方面做起：

1. 保持一颗平常心

《礼记》有言："莫见乎隐，莫显乎微，故君子慎其独也。"我们需端正自己的工作态度，公务员的职责是为组织和群众无私地贡献力量。既然已经获取了众人羡慕不已的稳定职位，就应时刻怀有一颗感恩的心，正确看到自己的仕途。如果时刻怀揣着"能赢不能输"的心态工作，想要优秀，却又不甘做琐事；想要表现自己，却又担心出现纰漏，遭人笑话，抱着这种心态无论我们身处何地，都无法实现自己的价值，都无法受到领导的赏识，无法为组织和群众无私奉献。时刻保持一颗平常心，消除浮躁，赏识自己，对恢复自信有一定的帮助。

20世纪上半叶法国著名的人道主义作家罗曼·罗兰曾说过："先相信自己，然后别人才会相信你。"在奋战的路程中，充满了艰难与险阻，但是在自信的帮助下，你会义无反顾地走下去。

俗话说："金无足赤，人无完人。"世上没有完美的人，也没有完美的工作。我们应摒弃"只能赢不能输"的错误思想，正视自己的优点，勇于表现自己。使自己成为一名身心健康的公务员。

2. 自我调适

部分人认为自己的工作太稳定，缺乏激情，没有成就感，从而失去了工作的激情，弱化了服务意识。

这是典型的心理问题。正所谓"解铃还须系铃人"，自己心理出了问题，任何灵丹妙药也无济于事，最好的治疗方式是自我调节。工作中，在懂得知足的同时，也要做到问心无愧，努力做好本职工作。

如果我们觉得工作乏味，完全可以多培养兴趣爱好，化解工作带来的枯燥与压力。找到生活的乐趣，恢复自信，从而激发工作动力。

3. 自我暗示

时常对自己进行自信心的自我暗示。自我暗示又被称为心理暗示，通过"五感"（视觉、听觉、嗅觉、味觉、触觉）给予自己心理暗示，根据暗示的观点、意见并朝着暗示的方向进行活动。自我暗示能够发挥作用，主要原因是人们在潜意识当中，相信自己所接收的暗示信息并对此深信不疑，这会对人的行动产生一定的影响。

想要获得成功，就要挖掘自身的潜力，发现自身的潜能，那么就需要进行自我暗示。不一样的心理暗示会带来不一样的态度，从而产生不一样的结果，得到不一样的命运。堆积的财富，获得的成就，握在手中的权力，这一切的开始只源于一个念头。

心理上的暗示是获得成功的秘诀，自我暗示可以大声地讲出来，也可以写在纸上贴在墙上反复看。但是需要我们长期坚持及使用，形成坚定的信念，才能发挥出巨大的作用。

有些人口头上说相信自己，而实际上他们却没有做到这一点，因为他们没有坚定的信念。坚定的信念是自我暗示的关键，只有抓住关键，才能就此展开行动。

总而言之，我们拥有自信才能练就"千磨万击还坚劲，任尔东西南北风"的心态，唯有自信的公务员，才能为组织发展高擎起精神上的旗帜。

第二节　微笑面对工作的心理效应

在人们渴望维护自我权益、被人尊重的情况下，"微笑服务"越来越被人们所重视。如今，国家推行许多政策，一直致力于提升组织在群众心中的公信力。但是如果国家工作人员缺乏职业道德修养，那么，国家出台再多的政策也是枉然。

虽然说公务员理应服务于群众，将群众的利益放在首位。可是，当今的现状却是群众要看国家工作人员的脸色办事，有的国家工作人员的态度着实令人"望而生畏"，稍有不慎，便会受到国家工作人员的训斥，难以得到帮助。

这样缺乏道德修养、缺乏为群众服务意识的工作人员，怎么会提高组织在人民心中的公信力呢？

诚然，无论是在哪一个领域工作，好的服务态度是必不可少的，这些基本的要素均能体现出一个人的职业素养问题。

首先，公务人员要微笑对待所有人。

公务员既是一种职业、一种选择，更是一种责任、一种付出。他们工作中，大多数时间在与人民群众打交道。这种情况下，则要求工作人员能够微笑示人，耐心解决人民群众遇到的问题。"让群众满意"不仅是公务员工作的口号，更是每一位国家工作人员应切实做到的工作。

其次，公务员微笑服务代表国家形象。

国家公务员代表国家机关形象，加强公务员职业素养，提高政府的服务质量，维护国家形象，是每一位公务员所必须遵守的职责。其中，微笑服务，则有效彰显出公务员乃至政府的素质。如果公务员素质低下，态度恶劣，行为不端，势必影响公务员以及公共组织在群众心目中的形象。反之，如果每一位国家工作人员对民众能够笑脸相迎，时刻将温暖传递到群众心中，那么一定会受到人们的尊重和支持。

诚然，作为国家工作人员，微笑服务应该作为基本的职业要求。真正做到微笑对待任何人，将为人民办实事作为工作的使命，不仅呈现出工作的意义，更能体现出公共组织的形象。

提及微笑，人们总会想到心情愉快。医学家们发现，许多长寿的人都有一个共同的特点：爱笑。我国神话中的老寿星就是一副笑容可掬的形象。

生活的道路本来就是坎坷崎岖的，这是一个不争的事实。无论遇到什么困难，我们都要始终坚信这是生活赋予我们必须经历并且承受的。聪明的人往往懂得微笑面对工作，积极面对人生，体会人生的意义。

工作离不开微笑，微笑表达了对自己工作的肯定与自信，表达了对他人的善意和爱，微笑也表达了对工作的态度。如果我们能以一种积极的心态，时刻将笑容挂在脸上，一定对我们的工作有极好的影响。当然，微笑看似简单，但也需要讲究一定的技巧。

首先，即使不想笑，也要笑一笑。

工作中，少不了笑容，如果人们能够时刻保持笑容，不仅有利于自己养成乐观、豁达的性格，更能够为铸造事业成功之墙添砖增瓦。

微笑，体现出公务员知礼懂礼，是立足公共组织的基本前提，是成就事业的重要条件。

其次，笑容要真诚。

不可否认，许多工作人员，尤其是服务人员不屑于"微笑服务"，因为他们觉得只要做完、做好岗位工作即可，无须真诚，甚至认为"微笑服务"是低声下气，是"奴文化"。其实不然，微笑服务本身就是每个人的基本工作职责和重要内容。真诚的笑容是自信、阳光、规范、亲和力的外在表现。

无论什么人，微笑需要发自内心才能笑得自然，笑得亲切，笑得美好、得体。无论是生活还是工作中，人们对笑容的辨别力非常强，而一个人的笑容充分包含了真诚，也能够被对方感受到。

因此，我们需要真诚地微笑，让对方感受到温暖。不要"皮笑肉不笑"，内心要充满温和、善良，不仅嘴角上翘，眼睛也要笑。

最后，微笑要分场合，分程度。

微笑使人觉得自己受到欢迎、心情舒畅，但对人微笑也要看场合，否则就会适得其反。例如，当一个人出席一个庄严的集会，去参加一个追悼会，或是讨论重大的政治问题时，微笑则很不合时宜，甚至招人厌恶。因此，我

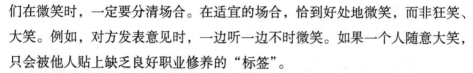

们在微笑时，一定要分清场合。在适宜的场合，恰到好处地微笑，而非狂笑、大笑。例如，对方发表意见时，一边听一边不时微笑。如果一个人随意大笑，只会被他人贴上缺乏良好职业修养的"标签"。

总之，国家工作人员在工作中，请时刻保持微笑。如果每一个公务人员都能持有一颗为人民服务的恒心，那么中国构建和谐社会，则指日可待。

第三节　正确地、发展地、全面地看待自己

正视自己是所有人在工作中最艰难、颠覆性最强的部分，始终伴随着思想斗争与实际利益的羁绊与博弈。能否正视自己不仅与个人利益挂钩，甚至与企业利益、国家利益息息相关。这就要求国家工作人员必须正确地、发展地、全面地看待自己，提高自身道德素质。

全面地看待自己，即看待自己的性格品行、爱好特长、教育背景、身体条件、发展趋向等优缺点的情况。在充分了解了自己以后，采取扬长避短的方式，在薄弱领域有所加强。

全面地、正确地看待自己，比我们去了解或发现他人的优缺点更有难度。正如俗话所说："当局者迷，旁观者清。"如果不能客观地认识自己，则无法看到全面、真实的自己。

由于人是不断变化发展的，公务员需要不断更新、不断完善对自己的认识，使自己变得更好和更完美。正确认识自己，就要用全面的、发展的眼光看自己，让自己在工作中冲破重重难关。

一、作为人民的公仆，组织的一员，我们需要具备哪些能力

1. 强烈的事业心

国家工作人员要具备一颗强烈的事业心，时刻保持工作激情，认真履行

公务员的工作职责，一切为组织、为群众谋福利。

2. "会干事"的能力

"会干事"，要求每一位工作人员能够在法律以及科学理论的指导下，不断开拓思维，一切从实际出发，不断研究工作中遇到的各种问题，提高解决问题的工作能力。

3. 严于律己的能力

每一位公务员应做到依法办事、依规办事、清正廉洁、无私奉献，树立正确的价值观。

二、如何提高自身的综合能力，便于自己胜任工作

1. 树立正确的价值观

世界首富比尔·盖茨在谈到成功的秘诀时说："做你所爱，爱你所做。"通常一个人喜欢做的事情往往能极为准确地反映出自己的爱好取向，从而发现自己的长处。然后才能发挥自身优势，始终保持一颗不满足于现状的进取心。作为组织的一员，想要确认自己是否是"千里马"，还需在工作实践中获取答案。我们要树立正确的价值观，一切为组织利益出发，为人民办实事，在工作中锻炼自己，提高自己的价值。

要在日常工作中，多学习，多动脑，善于思考，为组织创造更多的价值。

2. 树立正确的工作观

作为国家工作人员，一定严于律己，取信于民。真正做到公平、公正、务实，端正工作作风。始终坚持勤政为民的原则，做群众的贴心人、组织的好帮手。

不仅要树立价值观和工作观，也要站在他人的角度看待自己。

站在不同的角度看待同一问题会得出不同的结论。例如说谎，如果从道德的角度进行分析，说谎是错误的，是不被允许的；但是，如果从说谎的目

的或者结果来看，有时却是对的，亦为善意的谎言。

可见，转变角度，站在他人的角度看待自己，这种方法可以使我们能够客观地认识自己。例如，自己迟到早退，习以为常，认为只要完成工作，迟到早退都不成问题。可是在他人眼中，这是对待工作不负责任、无视企业纪律、缺乏良好职业素养的表现。

3. 观察他人，比较自己

多观察优秀公务员的优点，分析他人具备什么样的心态以及个人习惯。把别人的优点列出清单，再与自己的习惯进行比较，找出自己的不足，及时改进。

明己之长，知己之短，从而制定符合自己实际情况的目标，努力做到为组织贡献自己的力量。

4. 多询问他人

多向亲朋好友、同事、领导询问，倾听他们的声音，从他们那里获知对自己的评价。随后，我们应虚心听取他们的评价，要客观、冷静地分析他人的评价，以便我们从多角度来认识自己，从而深入地、综合地了解自己的优缺点。

了解了自己的优缺点，从而扬长避短，赢得他人的认同，做到胸怀宽阔，识大体，求大量。

5. 时常自我反省

所谓"反省"，即反过身来观察自己，检讨自己的言行，看自己犯了哪些错误，有没有需要改进的地方。

我们在工作中出现差错，懂得悔悟和改进，这是我们进步和发展的基础。反之，那些不会反省的工作人员则不会知道自己的缺点和过失。如果一个人缺乏自我反省，也就无从改进自己、完善自己，不会提高工作的效率，更难以做到服务群众。

诚然，正确地、发展地、全面地看待自己，从而扬长避短，提高自身综合素质，力求做一名让群众满意的公务员是非常重要的。

只有全面认识了自己，明白自己的职责所在。我们才能具备"千磨万击还坚劲，任尔东西南北风"的坚韧和从容，不管前方的道路有多么坎坷，都能始终抱定必胜的信心，一如既往地走为群众服务的道路，为实现组织和自己的美好梦想而不懈努力，绝不停止前进的步伐。

"达德"五：积极是职业之本

第一节　看透生命与工作

想要了解生命与工作的本质，首先要了解自身工作的动机。

动机是推动人从事某种事业或进行某项活动的念头。动机是一种内部心理过程，不能直接观察，但是可以通过任务选择、努力程度、坚持性和言语表示等行为进行推断。

根据事物的形态，人们把人的需求分为物质需求和精神需求两类。在公共组织中，人们的工作动机主要来源于物质方面和精神方面的需求。

1. 物质需求的内容

（1）衣食住行方面的基本需求。生活离不开衣食住行，而勤奋工作，获取收入，才能满足衣食住行的基本要求。

（2）维持健康和保障安全的一般物质需求。除了必要的衣食住行外，人们还需要治疗疾病、增加营养来维持健康，需要避免侵害来保障安全，这也需要增加开支，通过物质手段来获取。

（3）积累未来发展的物质需求。在我国多种经济成分并存的制度中，人们需要为未来的发展奠定物质基础。

（4）社会潮流及攀比享乐的高级物质需求。由于地区发展水平、个人工作能力差异等原因形成的收入差距使人们生活质量出现明显差别，由此形成追逐潮流攀比享乐等客观现象，于是产生了高级物质需求。

2. 精神需求的内容

人的精神需求非常丰富，大致可以归结为十项内容。

（1）他人给予的基本情感需要，如亲情、爱情和友情等。

（2）自己获得的摆脱空虚、追求快乐的需要。

（3）归属需要，即个人希望在群体中活动的心理感受。

（4）被他人和社会认可的需要，这是由人的社会属性决定的。

（5）权利需求，人在社会中生活，需要追求个人的权利，如言论权、保护正当受益不受侵害的权利等。

（6）荣誉感，"人往高处走，水往低处流"说明了人们追求超越他人的心理，得到他人的赞美、组织的表扬都是追求荣誉的表现。

（7）受尊重的需要，每个人都希望被认可，更希望被他人尊崇和敬重，尊重可以来自于工作、成就、荣誉等。

（8）实现愿望的需求，愿望是未来可能实现的一种预期，可能实现且希望实现，这就是需求。

（9）责任的需求，包括赡养父母、抚养下一代、回报社会与国家等。

（10）体现个人人生价值的需求，人生几十年中真正有价值的事情是什么，每个人都有不同的看法，但大家都有实现个人价值的需要。

然而，满足精神需求与物质需求的要求在于无私的奉献精神。奉献，是一种爱，更是一种精神，如对自己工作自觉地全心全意地付出，不求回报。在工作中努力做好每一件事、认真善待每一个人，竭尽全力为组织服务，履行组织义务和奉献："奉"，即"捧"，意思是"给、献给"；"献"，原意为"献祭"，指"把意见及力量等十分恭敬地送给集体或受人尊敬的人"。因此，我们应恭敬、诚恳地为组织贡献自己的力量。

而如今，越来越多的国家工作人员责任意识淡薄、缺乏奉献精神，总是替自己打算，心中没有组织，得过且过的现象日益突出。这种现象使组织管理难以步入正轨，严重制约了组织发展。每个人都应该看透生命与工作的本质，加强个人奉献精神。

生命的价值不在于时间的长短，而在于对人类的贡献大小。工作的本质亦不能用时间来衡量，而是取决于我们的付出、贡献程度。

如今，你是否还在疑惑为什么这件事情没做好、为什么我总得不到领导的赏识、为什么我总得不到满意的回报？那么请检查你是否为工作无私地贡献了自己的力量！

其实，任何进步，任何事情的成功，都绝非偶然，也非幸运。一颗树苗长成参天大树离不开辛勤的灌溉；一片庄稼的丰收离不开辛勤的耕耘。

诚然，人的生命是有限的，只有短短几十年的光阴，谁也无法延长生命的长度，没有人能够永生。不过，我们可以追求生活的美好，工作的光芒，在有限的时间内无私奉献自己的力量，让自己的工作开满永恒之花。通过默默无私的奉献，发出灿烂的光芒，让厚积薄发的力量，孕育出永恒的价值。虽然人体无法得以永生，价值却可以无限放大、延伸。

因此，我们唯有默默地贡献自己的力量，才能在工作中大放异彩、获得生命的价值。

3. 如何培养无私的奉献精神

（1）无私奉献，需做到以企为家，定心为公。公心是对本职工作无私奉献的基本要求。因此，我们想要培养无私奉献的精神，提高"生"的力量，首先离不开一颗公心。

公心，即公正的心，为公众利益着想的心。

每个人只有从内心把企业当成自己的家园，关心它、爱护它，心甘情愿地为其付出，把它的命运与自己紧紧相连，方能真正做到爱岗敬业、定心为公。

我们需要理解自己所从事行业的特殊性。无论是行政单位的工作人员，还是民营企业打工的人员，都应高度重视自律问题，将多做事、少抱怨、认真做事、无私奉献的原则贯彻到底；将所有的心思和精力投身在企业发展上，努力做好每一件事情。只有坚持培养这份以企为家的信念，才能更好地为企业发展贡献力量。

（2）无私的奉献，离不开专注工作。专注力，又称注意力，指一个人专心于某一事物或活动时的心理状态。专注工作是每个职工都想做的一件事，各种工作均面临着同样一个问题，即如何在短时间内形成专注力。

任何工作都离不开专注，保持高度的专注力，才能确保工作效率，才能为无私奉献添加新动力。

当人们把百分之五十、六十或九十的精力专注于自己的工作之上，就更有机会获得成功。那么如何提高专注力呢？

首先，设定界限。工作中，不妨多考虑自己需要花多长时间完成一项任务，是一个月还是一个星期，只有设定了界限，才能提醒自己的大脑去专注，在规定的时间内要求自己完成任务。只有明确自己工作的动机，才有助于加强自己的专注力。

其次，无法集中专注力时，学会减压。养成良好的睡眠习惯，学会自我减压，多做运动，这些都是集中专注力的方法。大脑得到了放松，才能有更好的精神工作，提高专注力和工作效率。

最后，一次只专心做一件事。工作时做好时间规划，一次只做一件事，做好之后再做其他事情，保证做每一件事的质量。这样自己在心理上则不会感到精疲力竭。

需要注意的是，工作中切忌因生活的琐事而妨碍了工作的进度，打乱了专注一件事的思维。

（3）无私的奉献，离不开强大的执行力。我们想要获得长远的发展，强大的执行力是必不可少的。只有具备了强大的执行力才能培养出无私奉献的精神。

职工想要培养执行力，首先要从刚入职时开始培养。如果等到职工由于执行力不高、工作拖延而损害到单位利益的时候再去纠正，无异于亡羊补牢，为时已晚。

其次是坚持不懈，长期培养。时刻培养强大的执行力，将无私付出、及时完成工作视为使命，才能真正提高职工素养。

苏联作家奥斯特洛夫斯基曾说过："人生最宝贵的是生命，生命属于人只有一次。一个人的生命应当这样度过：当他回忆往事的时候，他不致因虚度年华而悔恨，也不致因碌碌无为而羞愧；在临死的时候，他能够说：'我的整个生命和全部精力，都已献给世界上最壮丽的事业——为人类的解放而斗争。'"

所以，笔者始终认为人不是生命越长就越能享受生活，更不能碌碌无为，生命的真谛、工作的价值应在于真正对人生对社会的贡献。

因此，我们需要在平凡的岗位上，不骄不躁、不狂妄自大，默默地奉献自己的力量。即使生命短暂，也要让生命展现瞬间的美好，不枉此一生。

看淡生命的长短，才能看重人生的意义。

我们要看透生命与工作的本质，并为此而奋斗不息。

第二节　塑造积极心态的十二种途径

生活是一座围城，围城里充满挑战。任何人的一生，都需要经历许多磨难，遭遇许多坎坷，而要顺利渡过难关，则离不开积极的心态。

不同的态度，成就不同的人生。积极的心态，犹如营养品，会滋养我们的人生，有利于个人发展；消极的心态，犹如毒品，使人生陷入灰暗的境地，不仅不利于个人发展，更会危及组织管理。

工作中，有许多人丧失了积极的心态，终日浑浑噩噩，面临无法适应工作的险境。那么，塑造积极的心态，帮助自己走上事业的巅峰，就显得尤为重要。

1. 豁达的心态

豁达的心态是指豁达的心理态度或状态，是人们对待自身、他人或事物的积极、正向、稳定的心理倾向。拥有豁达的心态，往往表现为：不斤斤计较、十分自信、不怨天尤人。

豁达的人像太阳，走到哪里哪里亮。豁达的人，对个人、组织和团队的目标、价值观具有坚定不移的信念。不因一时的成功而骄傲自满，更不会因一时的失败而一蹶不振，无论何时都保持一种豁达淡然的心态。犹如一名真正的强者，善于从逆境中寻找改善逆境的方法。

我们想要养成豁达的心态，需保持一种大度、宽容的心理，当他人当众侮辱了自己，无须怀恨在心，更不用记恨他人一辈子，而用理性的态度，处理好每一件事情；当同事做错了事，而牵扯到自己的利益时，也能淡然对待，帮助同事解决问题，而非一味地指责同事。

此外，豁达的心态需从小事养成。要做到"不以物喜，不以己悲"，不为自己多做了一件事而斤斤计较。时刻谨记：做多一件事，多积累一点工作经验，离成功就近了一点。与此同时，将豁达的心态传递给身边的人，能让大家共享工作的快乐，分享工作的乐趣，更能产生勇往直前的动力。

2. 感恩的心态

感恩，即对别人所给的帮助表示感激，是对他人帮助的回报。

感恩，是一种胸怀、一种美德，更是一种回报。我们具备感恩的心态，说明对自己与企业的关系有着正确的认识，从而产生强大的责任感以及工作的热情。因为我们懂得感谢领导给予的发展空间和机会，给予的认可与丰厚回馈。

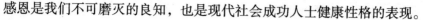

感恩是我们不可磨灭的良知，也是现代社会成功人士健康性格的表现。

我们要保持感恩的心态，首先表现在，当领到薪水时，应感谢企业给予自己发展的平台、收获报酬的机会。我们唯一能做的则是加倍认真地工作，不断地创新，热忱地服务，努力回报企业，这便是对上司最大的感恩。

其次，当得到同事帮助时，应将这份感激之情铭记于心，当同事遇到困难时，挺身而出，尽自己最大的努力帮助同事渡过难关。

3. 归零的心态

归零心态，即是一切从头开始的心态。做事的前提是具备良好的心态，我们想要获取更多的知识、技能，获得辉煌成绩，必须定期给自己的内心清零。

毛泽东曾经说过："学习的敌人是自己满足，要认真学东西，必须从不自满开始。"归零心态则要求我们在工作中遇到挫折时，能够从头再来。在此过程中，需要分析出现问题的原因。不仅要分析自身的工作技巧，也要站在企业整体的角度做出分析，找到原因，及时解决，一切从头再来。犹如大海般置自己于最低点，保持谦卑的心态，方能海纳百川。

归零的心态，则要求我们无论之前取得多么辉煌的业绩，拥有多少才华和知识，当我们接收到新任务、听从新的领导指挥时，必须能够做一名言听计从的好员工，不能因为自己是一名"受宠"的老人而反对新领导的指挥。

可见我们必须善于将心态归零，使自己真正融入企业之中，否则，永远是企业的局外人。

4. 不断学习的心态

面对残酷的竞争，任何企业都面临着"适者生存"的现状，企业想要长久立足于市场，离不开员工的不断学习。我们通过不断学习才能够为企业创造更多的价值，才能激发我们的创新能力，从而不断提高企业的竞争力。

因此，如果每一位员工能够勤于学习，善于学习，努力进取。那么，不仅有利于企业的发展，对自己在工作上取得成就也有相当大的帮助。

每一位员工想要培养不断学习的心态，首先，从多读书开始，多读与工作有关的书籍，从书中学习各种要领，帮助自己更好地工作。此外，还可以多读与道德、修养有关的书籍，提高自己的职业素养，做企业的优秀员工。

其次，摒弃"害怕丢面子"的心理。许多员工在工作中遇到问题，却碍于"面子"问题，不好意思向同事请教。实际上，多请教他人并不丢脸。这就要求我们做到：对于拿不准的事情多问同事，禁止一味按自己的想法做事；对于无法解决的问题，虚心向同事求助，而非置之不理；对于第一次做的事情，多询问同事，明确工作方向，避免徒劳无功的情况发生；当自己的工作出现错误时，应勇于承认错误，并及时解决。

5. 忠于职业的心态

忠于职业，则离不开我们忠诚的心态。

忠诚首先要求忠于人格，工作中的所作所为都应与人格保持一致。

忠于本职工作，提升自己的人格，用职业道德界定我们的一切行为，有利于我们始终坚守自己的岗位。

忠于职业需做到对组织负责、一切从整体利益出发，不能因贪图个人利益而出卖自己的人格，做出违背企业甚至国家利益的事情，远离道德败坏之事。

此外，我们忠于本职工作还需做到，不随意"跳槽"，将本职工作做好、做到位。

6. 付出与奉献的心态

我们活在这个世上，不能一味向他人索取。正如我们工作，不能一味索取报酬，而吝啬付出。每一位成功者都离不开无私的付出与贡献，我们欲杰出，须付出。如果你此时正在付出着，但苦于没有任何成效，不用担心，人们总会在未来的日子里品尝到曾经付出的果实。

奉献的心态，要求我们需做到：不斤斤计较眼前的利益与得失，当领到不满意的薪水时，不能每天怨天尤人，多思考自己的问题；将做好本职工作，

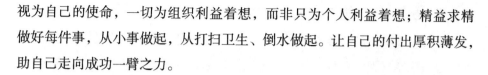

视为自己的使命，一切为组织利益着想，而非只为个人利益着想；精益求精做好每件事，从小事做起，从打扫卫生、倒水做起。让自己的付出厚积薄发，助自己走向成功一臂之力。

7. 合作的心态

当今市场竞争更讲求企业团队的整体作战能力，以求达到我们个人与企业"双赢"的结局。个人力量渺小并不可怕，我们需学会与团队的伙伴精诚合作，资源共享，共同开发创新能力。

合作是企业的生命力所在，守旧与故步自封都将被市场淘汰。

我们培养合作心态，首先要团结。团结合作，就不能互相指责，更不能互相推诿。当工作出了问题时，所有成员要能够共同想办法去解决。

其次，我们需做到善于倾听同事的意见，和同事商量事宜，接受计划的更改，而非独断独行。

最后，以大局为重。当自己完成自己的工作时，不妨了解同事工作的进展情况。当同事的进展比较慢，甚至遇到问题时，应毫不吝啬地伸出援助之手，以大局为重。

8. 自信的心态

自信是一切行动的原动力，热情的工作离不开自信的心态。自信是一个人最大的资本，是发挥潜能的催化剂；是工作中无坚不摧的巨大力量，拥有自信的心态，可以燃起成功的火焰。自信的心态与工作中的一点一滴密切相关。

拥有自信的心态，就需要我们做到：首先，认同自己的工作本质，把热爱这份工作的心理因素列出来，并时刻告诫自己。这样才会使自己信心满满。

其次，在工作中取得一定成就时，不妨给自己一点奖励，犒劳自己。便于让自己为以后的工作更加努力。

9. 敬业的心态

想要精业首先需敬业。敬业，即用一种严肃的态度对待自己的工作，勤勤恳恳，兢兢业业，忠于职守，尽职尽责。

我们培养敬业的心态需做到：热爱工作，对自己所从事的工作产生热情、责任心与浓厚兴趣。并且，每天制定工作目标，督促自己每天及时完成工作，这是敬业的一种表现。

此外，在工作中时刻告诫自己：尽最大努力把工作做好，无论大事还是小事。

10. 渴望实现梦想的心态

欲望是梦想的本质，也是实现梦想的起点。欲望，即有独特的想法。无论做什么事都离不开想法，有了想法，才会支配行动。但是，只有想法没有行动是没有意志力的表现。

我们要培养渴望实现梦想的心态，须做到：多读一些成功励志书籍，将成功人士的工作经验记录下来。虚心学习成功的方法。在记录成功方法的同时，不要忘记吸取他人失败的教训，将失败的经验总结出来，时刻提醒自己，不犯类似的错误。

此外，将自己的梦想告诉家人，看到家人仿佛看到了实现梦想的动力。每天告诉自己想要成功，渴望成功，才能使自己每天富有激情地去工作。拥有渴望实现梦想的想法，并为之付诸行动，才能走向成功。

11. 宽容、理解的心态

与人交往一定要学会宽容，只有宽容才能让自己与他人相处得更加融洽。

宽容，即宽大有气量，不计较。工作中，人非圣贤，孰能无过。如果没有宽容的心态，错误像一道道栏杆，横在你前进的道路上。

宽容要求我们把同事当作朋友来看待，原谅同事的过错，包容他人的不同喜好，原谅他人的挑剔。

包容领导的"压榨"，不能因繁重的工作而郁郁寡欢，不能因领导安排过多的任务而心生怨恨，要让压力成为动力，具备一颗宽容的心，退一步海阔天空。

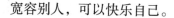

宽容别人，可以快乐自己。

12. 领导的心态

为领导工作，也是为自己工作。企业取得累累硕果，也是自己的辉煌业绩。因此，我们要具备像领导一样的工作心态，时刻监督、管理自己，为企业发展而努力。

像领导一样去工作，则要求我们像领导一样思考，像领导一样行动，像领导一样有素质。

像领导一样思考：凡事以企业和大家的利益为主，将个人利益放在最低位置；像领导一样行动：不管企业遇到什么样的挫折，自己都愿意全力以赴，愿意帮助企业创造更多财富；像领导一样有素质：忠于企业、乐观向上、热爱工作人员、有胆识、有魄力、公正无私、理智周到。

只有具备领导心态，才能明确自己的真正所需，将自己的才华技能完全付诸工作之中，将企业的命运视为自己的命运，让企业的兴衰成败与自己的事业荣辱与共。否则，你永远只能做个无名的打工者，一辈子碌碌无为。

成功，从改变开始。

美国著名的心理学家马斯洛就曾说过："心态若改变，态度跟着改变；态度改变，习惯跟着改变；习惯改变，性格跟着改变；性格改变，人生就跟着改变。"

所以，我们要塑造十二种积极心态，积极乐观地应对工作中的各种困境就有机会开辟崭新的成功之路。

第三节 掌握正确的思维方法

思维是灵魂的自我谈话。不同的思维方法，其结果也不尽相同。

思维方法，即人们大脑活动的内在程式，它对人们的言行起着决定性的作用。

工作中，人的思维方法大致分为两种：一部分人为了获取利益不择手段，甚至做出危害企业利益、国家利益的事；另一部分人则选择安分守己、踏实工作，渴望成就一番事业。

这两种思维方法会引导我们拥有不同的人生轨迹和结果。原因在于，我们的思维方式直接决定行为方式，并决定其最终命运。思维方法一旦出错，就无法拥有正确的行为方式，无法在工作上取得成功。更有甚者，一事无成、丢掉性命。

因此，我们应具备正确的思维方法。即我们的任何想法都建立在利国、利民、利企业的基础上，尽最大努力完成工作。

我们经常看到新闻上报道有关食品安全的问题，感到当前人们的生活危机四伏。这些问题的根源则在于人们没有掌握正确的思维方法，缺乏道德修养。

有一个成功的公式是这样的：热情×思维方法×能力＝工作成果。

其中，热情是非常重要的，是所有人创造工作价值的原动力，与个人经历息息相关。而位居第二的则是思维方法，不同的思维方法将决定我们从事不同的工作岗位、获取不同的工作结果。能力则在最后。我们都知道能力并非与生俱来，也非金钱能够买得到，能力是在工作中逐渐积累而成的。

掌握正确的思维方法，对于一个人的人生有着举足轻重的作用。没有经过思考的答案，是没有把握的答案；没有经过思考的人生，一定是平庸的人生。如果缺乏正确的思维方法，结果就会偏离出发点，更难以取得良好的成果。因此，正确的思维方法，对于人生十分重要。大到治国理政，小到一项具体工作，都涉及这一问题。

因此，在工作当中，每个人都要利用正确的思维方法去工作，成为一名优秀的、有道德的职工，为企业、社会、民族的发展贡献自己所有的力量。

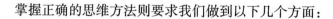

掌握正确的思维方法则要求我们做到以下几个方面：

1. 敢于克服一切困难

马克思主义认为，任何事物都是发展变化的，永远不会静止、不会停顿。因此，任何企业也是不断发展的。为了推进企业发展，我们应敢于向困难挑战，努力克服前进道路上的种种阻力。

由于残酷的市场竞争，致使许多企业面临生产不景气、销售额萎缩等问题，有些职工则产生畏难情绪，甚至丧失信心，这是不正确的。面对危机，我们应正确分析形势，不仅充分认识危机的影响，积极克服困难，也要振作精神，增强信心，这对于摆脱危机的阴影能够起到很大的推动作用。此外，我们还需要对问题出现的原因作深入分析，并对困难的大小进行科学判断，从而对症下药。

唯有正确的思维方法，才能克服一切困难，让组织立于不败之地。

2. 坚持实事求是，敢于说真话

坚持实事求是，反对弄虚作假，敢于讲真话，也是掌握正确思维方法的一个重要体现。

实事求是一词，源自东汉著名史学家班固《汉书·河间献王传》的"修学好古，实事求是"。实事求是，也是马列主义、邓小平理论的精髓，更是经营企业的法宝，甚至是企业兴旺发达、长久生存的重要保证。

当企业生产线上出现问题时，我们应敢于讲真话，坚持实事求是，坚持正确的观点，摒弃错误的理念，莫因畏惧领导的斥责或者抱有不负责任的心态，而任由错误的事情继续发展，从而对企业造成重大损失。

3. 要学会站在整体的高度上看问题

有一次，笔者为了了解员工的工作情况，而叫来三名员工，分别问他们工作的原因。第一个说，为了赚钱；第二个说，为了学习工作经验；第三个说，为了创造更美好的明天。三个人的回答，恰恰代表了企业中三种人的想法和高度。

前两者，目光短浅，唯有第三名员工，站在了整体的高度上看问题。美好的明天包括社会的美好、企业的美好、家庭的美好和个人的美好。

能够站在整体高度思考问题者，才能具备正确的思维方法。第三名职工能够准确把握自己工作的最终意义，从而将自己的劳动有机地结合到其他人的劳动中去，成就自己的梦想，这样的人是企业珍重的人才。

总之，用正确的思维工作，培养与时俱进的精神，用发展的眼光看待工作，才能以开放的眼光博采众长，跟上企业发展的前进步伐。掌握正确的思维方法，借助"生"之力，必然能够让自己的工作更加得心应手。

"达德" 六：乐观心态是职业之冠

第一节 快乐是人际交往的基础

"人"字需要靠两撇相互支撑才能平衡，而生活和工作中的人离不开"交往"的支撑。

无论是工作还是生活中，任何人都会因各种各样的人际关系不和谐而苦恼，公务员亦如此。公务员行使国家的权力，承担着社会公共事务的管理职责，更需要妥善处理人际关系。

为了调查公务员对自身健康状况的满意度，笔者曾对 50 名公务员进行调查和研究，结果显示，这些人对自身健康状况满意度尚不足一半。数据显示，高血压、颈椎病以及脂肪肝成为公务员患有比例最高的三大慢性病，而其中公务员的心理状况则普遍令人堪忧。

造成公务员心理压力大的主要原因是人际交往的压力。

起初，他们认为处理人际关系并不难，只要抱着听其自然的态度即可；甚至有的公务员为了达到目的不惜采用拉选票、"走后门"的手段。可是无论采用何种手段，都不能处理好人际关系。这令许多人惆怅不已。

事实上，能够快乐地相处，才是公务员人际交往的基础。我们都知道，人的一生，虽然有酸甜苦辣，悲欢离合，但是很多时候也有快乐。

如今，我们都生活在人际关系网中，我们的成长、快乐和发展都离不开人际交往。人与人交往质量的好坏，往往是一个人心理健康水平、社会适应能力的综合体现。

孔子曾说过："独学而无友，则孤陋而寡闻。"良好的人际交往不仅可以帮助我们提高对自己和他人的认识，也能使在自己遇到危难时获得他人的帮助，使自己感受到快乐、幸福。有人的地方就有人际交往，有人的地方也会有快乐，快乐的人际交往能力则表现为我们与他人和谐、融洽相处的能力。如果没有快乐的交往，生活无异于没有加盐的菜，索然无味。任凭我们怎样"拍马屁"也无济于事。

可是，现实生活中，有的公务员无法从人际交往中获得快乐，这是为何？

产生上述问题的原因是多方面的，但其中很重要的一点是对公务员人际关系重要性的认识不够，没有将快乐作为人际交往的基础。实际上，只有拥有一定的人际关系技能，才能提高人与人交往的愉悦度，拉近双方的距离，帮助自己实现组织目标。现实工作中，我们必须协调各种人际关系，以减少组织内耗，形成强大的凝聚力，为组织奉献更多的力量。

那么，如何轻松愉悦地与人相处呢？

1. 愉悦地与同事相处

在工作中，同事是每天与我们接触最多的人，我们每天 8 小时甚至更多的时间都在与同事相处。能否与同事愉快相处，对于我们能否顺利完成工作、能否在事业上取得成功，都有着举足轻重的作用。

那么，想要与同事轻松、快乐相处，需注意以下几个方面：

（1）多为同事考虑。当与同事发生争执时，首先要想到自己是否做错了；办公室就像一个大家庭，当同事在工作中取得一定成绩时，懂得夸赞同事；看到同事的付出与努力，让同事感受到我们的真挚情感。不断增加与同事感情的储蓄，才能亲密互惠，彼此才能感受到相处的快乐。

（2）多帮助同事。当同事遇到困难时，不要置之不理。应持有一颗热情的心，帮助同事渡过难关。这样当自己需要帮助的时候，就会得到同事投桃报李的友好援助。那么，同事之间彼此获得了好感，快乐之感自然显现。

（3）己所不欲，勿施于人。锻炼人际融合能力关键要有包容心，这样人际间的适应性和合作的主动性就会增强，有利于组织目标的实现和任务的完成。与同事相处的基本准则就是自己如何对待别人，别人将来也可能会如何对待自己。

每个人都喜欢与亲切、乐于助人、大度的同事相处。如果一个人在工作中遇到困难，便撒手不管，转而将"烂摊子"丢给同事处理，势必引起同事的厌恶。久而久之，同事之间的友好关系难以维持。

多体谅同事、为同事着想，减少同事的负担，才会受到同事的欢迎，才能感受与同事交往的乐趣。

（4）多赠送小礼物表达善意。赠送小礼物，也是关心他人、重视他人、与人为善、促进友好相处的一种方式。由于工作的压力，同事之间往往疏忽了互送小礼物，认为那是无关紧要的事情。

实际上，送同事小礼物，给同事带来喜悦，也是减轻同事工作压力的一种方法。而且也能收获到同事真挚的笑容，增加彼此之间的好感。同事快乐了，自己也快乐了。

2. 轻松地与上司相处

人际交往中，自然少不了与上司打交道，如何愉悦地与上司交往，是我们所关心的问题。

"少说话，多做事"则是每一个人工作的基本要领。在工作中想要得到上司的欣赏，想要与上司轻松、愉悦地相处，就要从"少说话，多做事"做起。同时，认真工作、及时完成工作，不断为组织创造业绩，让上司充分信任自己。

另外，与上司相处同样重要的是：服从。

自古以来，下级尊重上级，服从上级似乎是天经地义的事，也是更好工作的一种有效途径。作为下属应加强思想修养，将上司安排的任务及时完成。

在工作中受到上司批评时，不要灰心，更不要顶撞，应积极接受上司的批评，认真倾听上司的建议，让上司感受到自己是真心接受批评，并非敷衍了事。

此外，不论做什么事情都需要向上司汇报，最好能写个短小精悍的书面报告。不仅让上司清楚地了解到自己的工作情况，而且让上司看到自己具备一丝不苟做事的精神。

最后，可以将上司当作朋友看待，但是要公私分明。私下是朋友，工作上仍然是上下级关系。懂得为上司考虑，时刻为组织利益着想。当自己精心准备的策划被上司取消后，不要愤愤不平，多为上司考虑。既然上司不接受自己的策划，自有他的道理，多考虑自己的问题，思考是否策划方案不佳，致使上司不满意。站在理性的角度，寻找问题，解决问题。

实践是锻炼人、培养人的大舞台。作为国家工作人员，如果想要摆脱心理困扰和人际交往的压力，则要从快乐地与人相处做起。快乐是人际交往的基础。

第二节　在平凡稳定的工作中探索追求的源泉

当我们的身份由群众转变为公务员，获得一个既响亮，社会认同度又高的职业时，想必这份职业来之不易，凝聚着我们多年来付出的努力与汗水。

入职后，我们渐渐体会到要成为一名让人民满意、让领导信任的工作人员实属不易。想要做好人民的公仆离不开这四项原则：一是政治上靠得住；二是工作上有能力；三是作风要过硬；四是人民群众信得过。这才是优秀公务员所应具备的职业素养。

然而，一些基层公务员，认为看似光鲜的职业却给自己带来了无穷的烦恼：工作压力大、晋升空间小、经常加班，工作辛苦不堪。久而久之，便丧失了工作热情。

其实，对于基层公务员而言，这不是从事惊天动地的大事业，而是在平凡岗位上从事着平常看似不起眼的小事，在平凡稳定的工作中探索追求的源泉。

我们应时刻牢记职责，掌握服务之本。应时刻谨记"全心全意为人民服务"的原则，服务好群众，这才是工作的意义和价值所在。工作中时刻倾听群众的呼声，为群众办实事。每天以精神饱满的状态面对大家，以人民幸福为基准，将群众的快乐当作自己的快乐。日积月累，自己的快乐逐渐增多。新时代的公务员理应秉持为人民服务的热情和理念，在烦琐的事项中品味工作的含义。德国著名诗人歌德说过一句话："一个真正有才能的人，能在工作过程中感到最大的快乐。"

我们应该深知，作为一名基层公务员，虽然职权小，但责任却十分重大。在不得已的情况下，身兼多职或者熬夜加班，工作处理不当时，还要遭受领导以及群众的责骂。尽管如此，许多人仍然坚守在岗位上，身负责任的重担，将自己的身心投入到工作中去。"海到尽头天做岸，山登绝顶我为峰"。面对工作中的困难与压力，毅然选择将群众利益放在首位，殚精竭虑。纵然岗位平凡，但他们却能在平凡的岗位中闪耀着无限的光芒。能将平凡的工作做到不平凡实属不易之事。

如果我们每个人都在平凡的岗位上发挥好平凡的价值，那么许多个平凡就成了伟大，就能担负好我们公务员角色的基本职责，就能让自身的价值得到最好的体现。

我们在"黄金年龄"选择了公务员这个职业。将人生最美好、最灿烂的年华都奉献在工作上。我们的人生价值，很大一部分都体现在平凡的工作中。

就要在平凡的工作中创造价值，寻找快乐。

作为国家工作人员，不论我们的岗位多么平凡，遇到的压力如何大，环境如何恶劣，我们都没有抱怨和逃避的权利。我们手中的职权来源于群众，我们理应感谢群众，切实为群众服务。在处理烦琐的事宜时，始终保持一种为人民服务的良好心态。久而久之，看似平凡之路定是我们最有价值、最快乐的人生之道。

那么，如何在平凡稳定的工作中创造价值和快乐？

1. 爱岗位才会快乐工作

善待岗位、热爱自己的本职工作，既是一种自信，更是一种快乐。

我们一旦真心爱上本职岗位，才会产生愉悦的心理，进而在快乐中工作。

爱岗位则表现在，作为一名工作人员，认真学习工作精神、掌握工作要领、牢记职责、不辱使命，不断开发创新能力以及解决问题的能力，服务群众与组织。

2. 营造快乐工作的氛围

快乐工作自然少不了我们主动营造快乐的工作氛围。

快乐工作首先须注重群众所需，为群众谋幸福。

其次，我们应学会自我激励。通过激励，增强我们对组织的归属感、荣誉感、忠诚度，同时，为自己树立明确的目标，明确自己在工作中的定位，结合自己的奋斗方向，努力为自己创造条件，发自内心地为组织发展和人民办实事而努力。

最后，与同事保持良好的人际关系，增强团队凝聚力。部门之间和成员之间要相互理解、尊重和信任，当一个人不被人信任或受不到尊重时，势必感到不快乐。这就需要我们正确对待功、名、权、利，保持良好心态，豁达大度，光明磊落。让整个工作氛围散发出温暖、友爱的气息。

3. 多学习，多快乐

"活到老，学到老。"在工作中不断学习，则要求我们不断地拓宽学习的渠道，积极探索行之有效的学习方法，把理论灌输与实际工作结合起来。

我们要杜绝工作中存在的"三多三少"现象，即学的多、用的少；上网多、读书少；事务多、研究少。

多学习，从中领悟快乐之要。以勤奋扎实的作风、真诚热心的态度，对待平凡的工作。我们应积极养成勤奋学习的好习惯，为组织发展做出应有的贡献。

4. 植根泥土，成就栋梁之材

植根深厚的泥土，历经艰苦的磨砺，才能成为能担重任的栋梁之材。因此，勇于到基层一线和艰苦地方去磨炼自己，方显价值所在。经过锻炼，砥砺品质，才能源源不断地为人民贡献自己的力量；才能锻炼出作风扎实、耐得住寂寞、吃得了苦的本领；才能真切地为群众服务。

所以，我们要时刻以饱满的工作热情对待平凡的工作，在平凡稳定的工作中创造价值与快乐。以强烈的责任心和使命感在平凡的岗位上书写平凡而具有无限价值的人生！

第三节　影响乐观心态的五大因素

如何排解工作压力，是国企工作人员所面临的问题，这就需要我们保持乐观的心态来面对工作中的人和事。正确处理人际关系，有效完成工作任务与乐观心态有着密不可分的关系。

现实生活中，人人都有自己美好的愿望和梦想，想让社会和谐；想让自己的工作更加春风得意；想让自己的家庭更幸福；想让自己的人生更加有价值。这些，都离不开乐观的心态，具备良好的心态才能创造辉煌的人生。

我们大多数人都接受了良好的教育，学习了大量的知识以及为人处世的方法，目的则在于让自己在步入社会时，能有一种豁达的心态，能占有自己的一席之地，能为企业创造收益，能够为家庭带来幸福，能够让自己的生活更有意义。这就是人们热情工作的动力。

因此，无论从事何种职业的人都在勤奋地工作着。可是，在通向目标的道路上，会遇到各种困难。正如现代作家冰心所说："成功的花，人们只惊慕她现时的明艳，然而当初它的芽儿，浸透了奋斗的泪泉，洒遍了牺牲的血雨。"

的确，成功之路泥泞且艰险。只有具备乐观的心态，才能克服重重困难，才能让成功的尽头绽放鲜艳的花朵。谁拥有了乐观的心态，谁的人生最终就是甘甜的。

在工作中，只有具备乐观的心态，才能让我们积极寻找工作的乐趣，从而感受到生活的一切是美好的，有助于我们保持充沛的精力和满腔热情，提高工作效率。一个心态乐观的人可在茫茫的夜空中读出星光灿烂，增强自己对工作的自信。

因此，深入了解影响乐观心态的五大因素才能够养成乐观的心态。

1. 乐观的心态离不开正确的思维方式

古巴共和国领导人劳尔·皮科克说过："成功人士的首要标志就是他们看待问题的方法。一个人如果是个积极思维者，经常进行积极思维，他就是具有积极心态，他就喜欢接受挑战和应付各种麻烦事情，那成功就开始了。"

实际上，心理上的积极暗示是非常重要的，它有助于一个人从逆境走向顺境，从失败走向成功。然而，不同的思维方式，其结果也不尽相同。正确的思维方式，才能引领我们走向成功的方向；正确的思维方式，才能够给我们带来乐观的心态。

因此，看一个人的思维方式便会知道一个人是否具备良好的心态，是否具有获得成功的潜质。此外，"横看成岭侧成峰"，一个人站在不同的角度，就会发现不同的东西。思维亦如此，我们的思维方式必须正确，一切先整体后局部，先"大家"后"小家"。我们要努力学习发现思维的好角度，从而塑造乐观的心态。

2. 乐观的心态离不开强大的自信心

每个人都有遇到挫折的时候，但千万不要因一时受挫，而对自己的能力产生怀疑，进而形成一种压力。这种压力是阻碍一个人产生乐观心态的主要力量。

当遇到困难时，如果逃避问题或是借酒消愁，只会增添烦恼，无济于事。实际上，人生不如意之事十有八九，没有十全十美的事物，工作同样也是如此。但我们可以用一种积极、乐观的心态去解决它。这时，则需要具备强大的自信心来战胜困难，恢复乐观的心态。

在工作中自信心给人以力量和快乐。正是有了自信，我们才充满了睿智，才能找到解决问题的方法，才能让自己的工作进行得更加顺利；才能让自己的人生之花开得更茂盛、更灿烂。

信心，是乐观心态的"防腐剂"，具备了自信心，才能离成功越来越近。

3. 乐观的心态离不开美德

凡可给一个人增添力量的东西，包括勇气、感恩、乐于助人等，都是至善、至纯、至高人性的结晶。

美德是一种由内而生的力量，美德可以让我们心中充满对工作的热爱，对领导的尊敬，以及对万事万物的珍惜；美德更可以让我们通过自己的言行影响他人，让整个工作气氛其乐融融，充满朝气。与此同时，美德与乐观的心态息息相关，能让人感受到生活的美好。

美德究竟包括哪些方面呢？一般来说，常见的美德包括：礼貌、忠诚、节制、勇气、正义、慷慨、怜悯、仁慈、感激、谦虚、宽容、真诚、幽默、勤奋、坚韧、积极等。

具备了美德，人的心态就能更加豁达、无私。

4. 乐观的心态离不开"心甘情愿"

工作要有好心态，离不开"甘愿做，欢喜受"。

"甘愿做，欢喜受"是著名高僧证严法师的名言，意为一个人做事只要心甘情愿，那么无论结果如何，都会欣然接受，从而产生乐观的心态。

可是在实际工作中，许多人并没有"心甘情愿"地工作，而是为了养家糊口迫不得已工作，无论这份工作是否是自己所喜爱的。

例如，有的人有着强烈的个人梦想，有向往的工作，但是迫于就业压力以及公务员稳定待遇的诱惑，才被动踏入了循规蹈矩、单调乏味的工作中来。久而久之，便会产生抵触心理，在工作中遇到问题时，怨天尤人、怒气冲天。如果说什么是阻碍一个人发展的行为，"抱怨"绝对是首要因素。经常抱怨，不懂得付出，怎么会产生乐观的心态去工作？又怎么会能感受到工作的乐趣以及生活的美好呢？

工作的结果，取决于你是否具备一种乐观的心态。

5. 乐观的心态离不开"让功"

"初生牛犊不怕虎"，许多人尤其是刚参加工作的人，往往急于得到领导的赏识，迫切希望做出一番成绩来，都会产生一种"立功"心理。

这种"立功"心理非常不错，可是"立功"的背后却隐藏着许多"杀机"——为了"抢功"而不惜一切代价做出不道德的事情。最终往往令事情的结果适得其反，甚至遭到同事的挤兑。

工作中，能"立功"是能力，也能让领导看到我们的能力，可是聪明的人都深知一个道理，不会把功劳都揽在自己身上，他们懂得与同事分享，赢得同事的赞许和好感，让自己的工作更加顺利。

懂得"让功"的人会受到同事的爱戴，心态自然越来越好。因为，大家都愿意与其交往、共事，到哪里都会春风得意。

心态就像一个瓶子，放的快乐多，悲伤就少；反之，整个心态就会影响到人的一生。

漫漫人生，我们要采撷那人世间最美的生活态度。

总之，我们要做到常修为政之德，常思贪欲之弊，常怀律己之心，常念护民之责，常做利民之事。时刻保持一种积极的心态，做一名让组织、企业满意的好公仆。

参考文献

［1］［英］亚当·斯密. 道德情操论［M］. 谢宗林译. 北京：中央编译出版社，2008.

［2］蔡元培. 中国人的修养［M］. 北京：中国长安出版社，2012.

［3］茅于轼. 中国人的道德前景［M］. 广州：暨南大学出版社，2008.

［4］王海明. 公正与人道——国家治理原则道德体系［M］. 北京：商务印书馆，2010.

［5］那子纯. 国企用人之道［M］. 北京：中国人民大学出版社，2013.

［6］罗家伦. 中国人的品格［M］. 北京：中国工人出版社，2010.

［7］何怀宏. 新纲常——探讨中国社会的道德根基［M］. 四川：四川人民出版社，2013.

［8］李佑新. 走出现代性道德困境［M］. 北京：人民出版社，2006.

［9］王艳珍，刘瑞享. 职业道德与礼仪［M］. 北京：旅游教育出版社，2012.

［10］中国就业培训技术指导培训. 职业道德：国家职业道德培训课程［M］. 北京：中央广播电视大学出版社，2007.

后　记

职业道德，与工作息息相关，影响着人们的生活。在古代，官箴是官吏的职业道德规范，人们通过官箴来约束自己的行为。到了今天，人们在长期、共同的群体生活中，形成了一些所有人必须遵守的行为准则，即道德。而职业道德则是道德的一种，职场人士的言行举止均应以职业道德为基准。

职业道德有助于提升人们的综合素质，有助于维护和提高组织信誉，促进组织发展。与此同时，更有助于提高全社会的道德水平。

所以，当笔者敲下最后一个字时不禁长吁一口气，这本书的创作终于落下了帷幕，其中倾注的心血自不多言，只希望拿到此书的读者都能从书中或多或少地收获一些知识，此乃笔者写书的初衷。

人人都有自己的宏伟目标，绝大多数人都对荣誉有着非同一般的渴望，我们的人生充满了挑战与竞争，而所有的夙愿——社会和谐、工作如意、家庭美满，都要靠勤奋和努力来实现。本书的目的，就是帮助人们提高自身综合素质，实现梦寐以求的愿望。

当你读完这本书，你可以深刻地反思自己日常工作中的行为举止，是否符合职业道德要求。如果你的职业修养有所欠缺，在工作中遇到了"瓶颈"，或许在某个瞬间，你会从本书中获取能量，从而改变自己。那才是本书的真正价值所在。

没有谁天生就是成功者，一个人想要在组织中取得一番伟业，绝非易事，更无捷径。想要在工作中实现个人目标，阅读本书或许可以增加你实现目标的概率。笔者凭借多年在经济、管理、教育等方面的经验，参透了人们在工作中难以取得成功的原因，究其根本，在于人们缺乏职业道德修养，不注重修"德"。"德"即"三纲领五常道"。

正视缺乏职业道德的现象，形成加强提升道德修养的社会共识，已经成为摆在我们面前的紧迫任务。

笔者认为，无论从事何种职业，修德是根本。儒家创始人孔子也曾说过，他最担忧的是"德之不修"，即不重视自己的品德修养。如果道德修养缺失，再好的工作也无法胜任。

因此，笔者最大的希望就是这本书能够带给读者一点启示，引导读者加强自身道德修养，并逐渐蜕变成一位真正的强者，为组织乃至国家做出更大的贡献。